HISTAMIN-INTOLERANZ

Das Kochbuch mit 50 Rezepten für unbeschwerten Genuss

Bibliografische Information der Deutschen Nationalbibliothek:
Die Deutsche Nationalbibliothek verzeichnet diese Publikation in der Deutschen National-
bibliografie. Detaillierte bibliografische Daten sind im Internet über http://d-nb.de abrufbar.

Für Fragen und Anregungen:
info@rivaverlag.de

Originalausgabe
1. Auflage 2018
© 2018 by riva Verlag, ein Imprint der Münchner Verlagsgruppe GmbH
Nymphenburger Straße 86
D-80636 München
Tel.: 089 651285-0
Fax: 089 652096

Text und Redaktion EatSmarter!: Katrin Koelle
Redaktion: Caroline Kazianka
Umschlaggestaltung: Isabella Dorsch
Umschlagabbildungen: Vorderseite: © StockFood / Smend, Maja; Rückseite: Mitte: © Stock-
Food / Bender, Uwe; alle anderen Bilder: eatsmarter.de/westermann-buroh.de
Satz: inpunkt[w]o, Haiger (www.inpunktwo.de)
Druck: Florjancic Tisk d.o.o., Slowenien
Printed in the EU

ISBN Print 978-3-7423-0510-7
ISBN E-Book (PDF) 978-3-7453-0054-3
ISBN E-Book (EPUB, Mobi) 978-3-7453-0053-6

Weitere Informationen zum Verlag finden Sie unter

www.rivaverlag.de

Beachten Sie auch unsere weiteren Verlage unter www.m-vg.de

INHALT

MEHR GENUSS UND LEBENSFREUDE MIT WENIGER HISTAMIN

Sie haben vom Arzt die Diagnose »Histaminintoleranz« (HI) bekommen? Dazu unseren Glückwunsch! Das ist ganz ernst gemeint: Viele Betroffene konsultieren zahlreiche Ärzte, ohne dass diese die wahre Ursache für die Beschwerden feststellen. Das liegt nicht zuletzt daran, dass bis vor kurzer Zeit die meisten Mediziner der Ansicht waren, dass so etwas wie eine Unverträglichkeit von Histamin gar nicht existiere. Erst nach und nach bringen erste Studien von aufgeschlossenen Medizinern Ergebnisse, die beweisen: Die Betroffenen sind alles andere als »eingebildete Kranke«.

Insofern haben Sie also zunächst wirklich Glück gehabt: Sie wissen, was Ihnen fehlt, und können nun gezielt daran arbeiten, dass Ihre Beschwerden sich vermindern und sich Ihr Wohlbefinden im Gegenzug verbessert.

Dieses Buch will Ihnen dabei mit Informationen, praktischen Tipps und 50 köstlichen Rezepten helfen. Es bietet Ihnen alle wichtigen Grundlagen, um sofort in ein neues, genussvolles und beschwerdefreies Leben zu starten.

Eins sollten Sie dabei bitte im Auge behalten: Wer ganz und gar auf Histamine verzichten will, muss sich sehr stark einschränken. In vielen Fällen ist das aber gar nicht nötig. Denn während man bei bestimmten Lebensmitteln und Zutaten weiß, dass Betroffene darauf mit Beschwerden reagieren, gibt es durchaus auch solche, die in geringen Mengen trotz eines gewissen Histamingehalts gut vertragen werden. (Mehr dazu lesen Sie auf Seite 9.)

Sie werden unter den folgenden Rezepten auch immer wieder das eine oder andere finden, in dem solche grundsätzlich verdächtigen Zutaten vorkommen. Falls Sie bereits wissen, dass Sie eine bestimmte Zutat besonders schlecht vertragen, lassen Sie diese weg – oder Sie probieren das Rezept trotzdem und prüfen, ob es nicht doch ein Kandidat für Ihre »Hitliste« werden kann.

HISTAMIN – WAS IST DAS EIGENTLICH?

Wer hinter dem Wort einen fragwürdigen Zusatzstoff aus der Lebensmittelchemie oder gar ein Gift vermutet, liegt zum Glück daneben. Tatsächlich handelt es sich bei Histamin um einen völlig natürlich vorkommenden, körpereigenen Botenstoff, ein sogenannter Neurotransmitter. Er hat im menschlichen Körper zahlreiche Funktionen, spielt eine gute und wichtige Rolle zum Beispiel bei der Regulation von Magensäure, Schlaf-Wach-Phasen und Energiehaushalt und verhindert übermäßige Schwellungen bei allergischen Reaktionen.

Normalerweise merken wir von den Aktivitäten dieses Botenstoffs nicht viel – es sei denn, wir haben einen angeborenen Mangel an dem Enzym Diaminoxidase (DAO). Das DAO kann selbst große Mengen Histamin im Darm aufspalten und abbauen, sodass der Botenstoff seine Aufgaben erledigt, ohne Beschwerden zu verursachen.

Liegt nun aber ein DAO-Mangel vor, kann jede Ausschüttung von Histamin Probleme verursachen. Typische Folgen können zum Beispiel Magen-Darm-Beschwerden, eine permanent verstopfte Nase, Müdigkeit, Juckreiz, Herzrasen, Bauchkrämpfe und Kopfschmerzen sein.

Als sehr deutlicher Hinweis auf eine Empfindlichkeit gegen Histamin gilt es außerdem, wenn es nach Insektenstichen zu ungewöhnlich großen Quaddeln, ungewöhnlich starkem Jucken und Brennen oder sogar zu einer allergischen Reaktion kommt.

HISTAMINUNVERTRÄGLICHKEIT: SO HILFT EINE BEWUSSTE LEBENSMITTELAUSWAHL

Histamin kommt aber nicht nur in unserem Körper vor, sondern ist auch in vielen Lebensmitteln und Zusatzstoffen enthalten. Wieder andere Lebensmittel und Zusatzstoffe enthalten zwar kein Histamin, blockieren jedoch entweder die DAO-Tätigkeit oder sorgen dafür, dass der Körper vermehrt Histamine ausschüttet.

Obwohl dies eine Tatsache ist, bestreiten noch immer viele Mediziner, dass solche Nahrungsmittel bei Menschen mit einer Histaminunverträglichkeit zu Beschwerden führen können. Ihr Argument dabei: Von außen zugeführtes Histamin sei im Körper wirkungslos, zumal die Mengen viel zu gering seien. Unbestritten ist immerhin, dass Histamin in großen Mengen (ab 100 mg) giftig wirkt und schwere Reaktionen bis hin zu einem allergischen Schock auslösen kann.

Zu solchen Mengen kommt es allein durch den Verzehr von histaminhaltigen Lebensmitteln zum Glück fast nie. Als Verträglichkeitsgrenze gelten für Gesunde etwa 10 mg. Wer auf Histamin empfindlich bzw. mit Beschwerden reagiert, erreicht seine persönliche Grenze allerdings schon bei deutlich geringeren Mengen.

Es ergibt also auf jeden Fall Sinn, bei einer diagnostizierten Unverträglichkeit möglichst wenig Histamin zu sich zu nehmen und außerdem alles zu meiden, was die Aktivität des DAO-Enzyms hemmt oder die vermehrte Ausschüttung von Histamin im Körper fördert. Eine genaue und ausführliche Liste solcher »Übeltäter« und natürlich auch der Lebensmittel und Getränke, die Ihnen guttun, finden Sie ab Seite 10.

GUTE SPEISEN BEI HI: JE FRISCHER, DESTO BESSER

Wer erfahren hat, dass eine Histaminunverträglichkeit für seine Beschwerden sorgt, der fragt sich natürlich als Erstes: Was kann ich denn nun noch problemlos essen? Die Antwort ist relativ einfach: Man kann mit ruhigem Gewissen und mit ein paar Einschränkungen fast genauso essen wie gewohnt.

Brot und Gebäck können Sie sich beispielsweise unbeschwert gönnen, denn Getreide enthält generell kein Histamin. Bei Weizen kann es im Einzelfall allerdings trotzdem zu Beschwerden kommen, das probieren Sie am besten aus. Eine Ausnahme von dieser Regel sind allerdings alle mit Hefe zubereiteten Backwaren, da Hefe als unverträglich gilt.

Besonders bei Obst und Gemüse muss man wirklich nur auf wenige Sorten verzichten, und das gilt erfreulicherweise beinahe ebenso für Fisch und Fleisch. Hier spielt allerdings absolute Frische eine Hauptrolle, denn je länger beides lagert, desto mehr Histamin reichert sich darin an.

WORAUF ES BEI FLEISCH BESONDERS ANKOMMT

Sogenanntes abgehangenes (lange gelagertes) Rindfleisch zum Beispiel mag besonders zart sein und manchem gut schmecken – bei einer Histaminunverträglichkeit sollten Sie trotzdem lieber zur sehr frischen Variante greifen. Dasselbe gilt auch für Wild, sofern es überhaupt infrage kommt, und für alle anderen Fleischsorten.

Lagern Sie Fleisch auch zu Hause nur kurz im Kühlschrank bzw. verbrauchen Sie es noch am Tag des Einkaufs, um eine mögliche Histaminbelastung zu vermeiden bzw. möglichst gering zu halten.

Da der Histamingehalt auch in sehr frischem Fleisch umso höher steigt, je mehr es zerkleinert wurde, sollten Sie Hackfleisch nur mit äußerster Vorsicht genießen. Lassen Sie es am besten bei einem guten Metzger oder an der Fleischtheke »live« durchdrehen und verbrauchen Sie es dann zu Hause umgehend.

Wer viel und gern Hackfleisch isst, für den lohnt sich unbedingt die Anschaffung eines eigenen Fleischwolfs, denn gute Geräte sind günstig zu haben. So können Sie es selbst in der eigenen Küche unmittelbar vor der Zubereitung herstellen, und zwar auch aus Fleischsorten, die im Handel nicht als Hackfleisch angeboten werden.

Verzichten Sie unbedingt auf fertig mariniertes oder gewürztes Fleisch. Überhaupt gilt als wichtige Regel: Fleisch nur ganz frisch und naturbelassen, nie verarbeitet kaufen!

SO BEKOMMT IHNEN FISCH TROTZ HISTAMINUNVERTRÄGLICHKEIT

Man hört immer wieder, Fisch sei bei einer Histaminunverträglichkeit tabu. Tatsächlich stimmt das für einige Arten, und es trifft auch grundsätzlich zu, dass Sie alle eingelegten, marinierten oder anderweitig zubereiteten Fischsorten links liegen lassen sollten.

Fangfrischen Fisch, der auf Eis gelagert wurde, können Sie aber sorglos genießen. Fisch in solcher Qualität bekommen Sie beim Fachhändler, und nur dort sollten Sie kaufen. Wer keinen guten Fischhändler in der Nähe hat, der kann auf tiefgekühlten Fisch ausweichen.

Viele Fische werden noch auf See direkt nach dem Fang und dem Ausnehmen schockgefroren, daher ist gefrorener Fisch in Sachen Frische im Zweifelsfalle sogar die bessere Wahl. Ganz wichtig: Tauen Sie Fisch nicht im Kühlschrank, sondern bei Zimmertemperatur möglichst zügig auf, und bereiten Sie ihn umgehend zu. Jede Stunde mehr im Kühlschrank lässt den Histamingehalt ansteigen, der bei fangfrischem Fisch noch bei fast null liegt.

VORSICHT MIT FERTIGGERICHTEN

Zugegeben: Gerade an stressigen Tagen kann es manchmal praktisch sein, eine Fertigmahlzeit aus der Tiefkühltruhe zuzubereiten oder vom Lieferservice etwas bringen zu lassen. Nehmen Sie sich trotzdem lieber die Zeit, selbst etwas zu zaubern – es darf dann auch gern schnell gehen.

Für Ihr Wohlbefinden lohnt sich der Mehraufwand mit Sicherheit. Denn feststeht: Nur, was Sie selbst zubereiten, trägt garantiert das Prädikat »frei von« bzw. »arm an Histamin«!

Fertiggerichte dagegen enthalten fast immer eine oder mehrere Zutaten sowie Zusatzstoffe (siehe auch die folgende Tabelle), die nicht in einen histaminarmen Speiseplan passen.

Überprüfen kann der Konsument das nur sehr bedingt. Bei abgepackt gekauften Fertigmenüs können Sie zwar die Zutatenliste genau studieren – das kostet allerdings auch viel Zeit, und Sie werden feststellen, dass die meisten Gerichte erst gar nicht infrage kommen.

Ganz kompliziert wird es, wenn man beim Lieferservice bestellt, denn bei Pizza, Pasta, Fleisch oder Fisch lässt sich unmöglich feststellen, was genau im jeweiligen Gericht steckt und vor allem, wie frisch die Zutaten tatsächlich sind. Kochen Sie darum so oft wie möglich selbst.

ZUSATZSTOFFE UND IHRE VERTRÄGLICHKEIT

Zusatzstoff	E-Nummer	Eigenschaft	Verträglich?
Amaranth	E 123	Farbstoff	nein
Ammoniumglutamat	E 624	Geschmacksverstärker	nein
Azorubin	E 122	Farbstoff	nein
Benzoesäure	E 210	Konservierungsstoff	nein
Calciumbezoat	E 211	Konservierungsstoff	nein
Calcium(di)glutamat	E 623	Geschmacksverstärker	nein
Carob (Johannisbrotkernmehl)	E 410	Verdickungsmittel	nein
Carrageen	E 407 + 407a	Verdickungsmittel	nein
Chinolingelb	E 104	Farbstoff	nein
Cochenillerot A	E 124	Farbstoff	nein
Curcumin/Kurkumin	E 100	Farbstoff	ja
Erythrosin	E 127	Farbstoff	nein
Gelborange S	E 110	Farbstoff	nein
Glutaminsäure	E 620	Geschmacksverstärker	nein
Guarkernmehl (Guaran)	E 412	Verdickungsmittel	bedingt
Indigotin I	E 132	Farbstoff	bedingt
Kaliumbenzoat	E 212	Konservierungsstoff	nein
Kaliumglutamat	E 622	Geschmacksverstärker	nein
Karmin	E 120	Farbstoff	nein
Magnesium(di)glutamat	E 625	Geschmacksverstärker	nein
Natriumbenzoat	E 211	Konservierungsstoff	nein
Natriumglutamat	E 621	Geschmacksverstärker	nein
Natriumnitrit	E 250	Konservierungsstoff	ja
Natrium-Orthophenylphenol	E 232	Konservierungsstoff	nein
2-Phenylphenol (oder Orthophenylphenol)	E 231	Konservierungsstoff	nein
Parabene (diverse)	E 214 – E 219	Konservierungsstoffe	nein
Patentblau V	E 131	Farbstoff	bedingt
Pektin	---	Verdickungsmittel	ja
Riboflavin-5-Phosphat	E 101a	Farbstoff	bedingt
Sorbinsäure und -salze	E 200 – E 203	Konservierungsstoffe	nein
Sulfite (diverse)	E 220 – E 228	Konservierungsstoffe	nein
Tartrazin	E 102	Farbstoff	nein
Zuckerkulör	E 150a und b	Farbstoff	ja

ISS DIES, NICHT DAS

Die nachfolgende Lebensmittel-Ampel zeigt Ihnen auf einen Blick, welche Lebensmittel und Getränke Ihnen bei einer Histaminunverträglichkeit guttun und welche nicht.

Sie zu nutzen, ist denkbar einfach: In der grünen Spalte sehen Sie alle unbedenklichen, also histaminfreien Nahrungsmittel. Die rote Spalte listet alles auf, was einen hohen Histamingehalt hat und darum fast immer zu Beschwerden führt.

In der gelben Spalte finden Sie alle Lebensmittel, die viele Betroffene trotz Histaminunverträglichkeit meist ohne Probleme vertragen – entweder ganz grundsätzlich oder wenigstens bei gelegentlichem und/oder geringem Konsum.

Alles aus dieser gelben Spalte kann also bekömmlich sein, ist es aber nicht immer und nicht unbedingt für jeden. Hier müssen Sie selbst ausprobieren und entscheiden.

HISTAMIN-AMPEL FÜR FISCH, FISCHERZEUGNISSE UND MEERESFRÜCHTE

Gut verträglich	Bedingt verträglich	Kaum verträglich
Fisch: • Fangfrischer und sofort zubereiteter Süßwasser- sowie Seefisch, möglichst in Sushi-Qualität und beim vertrauenswürdigen Fachhändler gekauft. Ausnahmen: siehe rechte Spalte • Tiefgekühlter Fisch, nach dem zügigen Auftauen bei Zimmertemperatur (nicht im Kühlschrank!) sofort zubereitet. Ausnahmen: siehe rechte Spalte	*Fisch:* • Sehr frischer Fisch aus dem Supermarkt oder vom Markt. Ausnahmen: siehe rechte Spalte *Meeresfrüchte:* • Fangfrische Ware, z. B. Tintenfischringe	*Fisch:* • Lachs • Thunfisch • Makrele • Hering • Sardinen • Sardellen *Fischprodukte:* • Räucherfisch • Stockfisch • In Marinade eingelegter Fisch oder Meeresfrüchte • Fischvollkonserven • Fischsalate *Außerdem:* • Garnelen (Krabben, Shrimps, Scampi, Gambas) • Hummer • Krebse • Langusten • Muscheln

HISTAMIN-AMPEL FÜR FLEISCH, FLEISCHERZEUGNISSE UND EIER

Gut verträglich	Bedingt verträglich	Kaum verträglich
Fleisch: • Sehr frisches, natur- belassenes und datiert abgepacktes oder tief- gekühltes und nach dem schnellen Auftauen sofort zubereitetes Geflügel Rind/Kalb Lamm *Fleischerzeugnisse:* • Kochschinken *Eier:* • Eigelb	*Fleisch:* • Sehr frisches Schweinefleisch • Sehr frisches Wild • Verpacktes Hackfleisch *Fleischerzeugnisse:* • Kochwurst • Frischwurstaufschnitt *Eier:* • Hühnereier/Eiweiß • Wachteleier	*Fleisch:* • Abgehangenes Fleisch (vor allem Rind) • Lange gelagertes, abgehangenes Wild • Dry Aged Fleisch (am Knochen gereift) • Fleischkäse/Leberkäse • Fleischkonserven • Hackfleisch bzw. stark zerkleinertes Fleisch (auch Mett) • Haltbar gemachtes Fleisch (geräuchert, mariniert, gepökelt usw.) • Innereien (vor allem Leber) • Roher Schinken (geräuchert oder luftgetrocknet) • Speck *Fleischerzeugnisse:* So gut wie alle Aufschnitt- und Wurstsorten, vor allem: • Streichwurst • Geräucherte Wurst • Luftgetrocknete Wurst • Bratwurst • Bockwurst, Wiener etc.

HISTAMIN-AMPEL FÜR OBST UND SCHALENFRÜCHTE

Gut verträglich	Bedingt verträglich	Kaum verträglich
• Apfel	• Birne	• Ananas
• Aprikose	• Feige (getrocknet)	• Apfelsine
• Blaubeeren/Heidelbeeren	• Hagebutten	• Avocado
• Brombeeren	• Mango	• Banane
• Cranberrys	• Pflaume/Zwetschge	• Boysenbeeren
• Dattel	• Rhabarber	• Clementine
• Feige (frisch)		• Erdbeeren
• Granatapfel	*Schalenfrüchte:*	• Grapefruit
• Johannisbeeren	• Cashewkerne	• Guaven
• Jostabeeren	• Haselnüsse	• Himbeeren
• Kaki	• Mandeln	• Kiwi
• Kokosnuss	• Mohn	• Kumquat
• Litschi		• Limette
• Melone		• Mandarine
• Nektarine		• Minneola
• Pfirsich		• Pampelmuse
• Preiselbeeren		• Papaya
• Rosinen (ungeschwefelt)		• Pomelo
• Sanddorn		• Tangerine
• Süß- und Sauerkirschen		• Zitrone
• Weintrauben		
• Wassermelone		*Außerdem:*
		• Konfitüren und Gelees aus unverträglichen Früchten
Schalenfrüchte:		• Säfte aus unverträglichen Obstsorten
• Macadamia		
• Marone/Esskastanie		*Schalenfrüchte:*
		• Erdnüsse
		• Sonnenblumenkerne
		• Walnüsse

HISTAMIN-AMPEL FÜR GEMÜSE

Gut verträglich	Bedingt verträglich	Kaum verträglich
• Artischocke	• Erbsen (frisch/TK)	• Aubergine
• Blattsalat	• Grünkohl (frisch/TK)	• Blattspinat
• Blumenkohl	• Knoblauch	• Bohne (getrocknet)
• Bohnen (grün)	• Kohlrabi	• Chili (rot)
• Brokkoli	• Lauch/Porree	• Gurke, eingelegt (Essig-,
• Brunnenkresse	• Rosenkohl	Gewürzgurke)
• Chinakohl	• Zuckerschoten	• Erbsen (getrocknet)
• Eisbergsalat	• Zwiebel (rot, braun)	• Kichererbsen
• Endiviensalat		• Kidneybohnen
• Feldsalat	*Pilze:*	• Linsen
• Fenchel	• Pfifferling	• Oliven
• Gurke (frisch)	• Shiitake	• Rucola (Rauke)
• Kartoffel		• Sauerkraut
• Kopfsalat		• Sojabohnen
• Kräuter (frisch)		• Tomate
• Kürbis		
• Mais		*Pilze:*
• Mangold		• Fast alle, aber besonders
• Möhren/Karotten		• Champignons
• Paksoi		• Morcheln
• Paprika (alle Farben)		• Steinpilze
• Pastinake		
• Peperoni (mild)		*Außerdem:*
• Radieschen		• Jegliches in Essig
• Rettich		eingelegtes Gemüse
• Romanasalat		
• Rote Bete		
• Rotkohl		
• Schalotte		
• Schwarzwurzel		
• Sellerie		
• Spargel		
• Spitzkohl		
• Süßkartoffel		
• Weißkohl		
• Zucchini		
• Zwiebel (weiß)		

HISTAMIN-AMPEL FÜR MILCH UND MILCHPRODUKTE

Gut verträglich	Bedingt verträglich	Kaum verträglich
Milchprodukte und Milchalternativen: • Milch (frisch und haltbar) • Sahne • Kokosmilch *Käse:* • Butterkäse • Emmentaler, junger • Frischkäse • Körniger Frischkäse/ Hüttenkäse • Mascarpone • Mozzarella • Ricotta • Schichtkäse • Speisequark • Ziegenfrischkäse	*Milchprodukte und Milchalternativen:* • Laktosefreie Milch • Rohmilch • Milchpulver • Sauermilch (Kefir, Dickmilch) • Crème fraîche • Joghurt • Buttermilch • Hanfdrink • Haferdrink • Reisdrink *Käse:* • Schafskäse/Feta • Raclette	*Milchprodukte und Milchalternativen:* • Sojajoghurt • Sojadrink (aus Sojabohnen) • Sojasahne • Tofu *Käse:* • Alle gereiften Käsesorten • Blauschimmelkäse • Brie • Camembert • Cheddar • Chester • Hartkäse, alle • Gouda, mittelalter/ alter • Greyerzer/Gruyère • Käsezubereitungen • Parmesan • Pecorino • Schmelzkäse/Streichkäse

HISTAMIN-AMPEL FÜR GETREIDE UND GETREIDEPRODUKTE

Gut verträglich	Bedingt verträglich	Kaum verträglich
• Amaranth • Buchweizen • Buchweizenmehl • Bulgur • Couscous • Dinkel • Dinkelgrieß • Dinkelmehl • Grünkern • Hafer (Flocken, Kleie, Mehl) • Hirse • Hirseflocken • Kastanienmehl • Maismehl und Polenta • Sagomehl, -stärke und Perlsago	• Weizen • Weizenmehl	• Kichererbsenmehl

Gut verträglich	Bedingt verträglich	Kaum verträglich
• Quinoa • Reis und Reismehl (auch Produkte daraus) • Roggen (und alle Produkte daraus) • Tapioka		

HISTAMIN-AMPEL FÜR GEWÜRZE, BACKZUTATEN UND SÜSSUNGSMITTEL

Gut verträglich	Bedingt verträglich	Kaum verträglich
Würzmittel: • Branntweinessig • Essigessenz (Achtung: muss verdünnt werden!) • Getrocknete Kräuter • Kurkuma • Paprikapulver (mild) • Senf (mild) *Backzutaten:* • Gelatine • Natron • Weinsteinbackpulver *Süßungsmittel:* • Ahornsirup • Brauner Zucker • Fruchtzucker • Gelierzucker • Honig • Kokosblütenzucker • Kristallzucker (Haushalts-zucker, Saccharose) • Maltose (Malzzucker) • Milchzucker • Puderzucker	*Würzmittel:* • Apfelessig • Ingwer • Muskatnuss • Pfeffer • Senf (scharf) • Vanille *Backzutaten:* • Backpulver	*Würzmittel:* • Austernsauce • Balsamessig • Brühwürfel • Chili • Chutney • Currypulver • Fertigdressing • Fertigsauce • Fischsauce • Fleischextrakt • Grillsauce • Hefeextrakt • Instantbrühe • Ketchup • Relish • Rotweinessig • Senfkörner • Sherryessig • Sojasauce • Tomatenmark • Weißweinessig *Backzutaten:* • Hefe • Kakaopulver • Schokolade • Kuvertüre *Süßungsmittel:* • Künstliche Süßstoffe, alle

HISTAMIN-AMPEL FÜR FETTE

Gut verträglich	Bedingt verträglich	Kaum verträglich
Pflanzliche Fette: • Maiskeimöl • Margarine • Olivenöl • Rapsöl *Tierische Fette:* • Butter • Streichfett aus Butter und Rapsöl	*Pflanzliche Fette:* • Sonnenblumenöl	*Pflanzliche Fette:* • Sojaöl • Walnussöl • Erdnussöl *Tierische Fette:* • Gänseschmalz • Schweineschmalz

HISTAMIN-AMPEL FÜR GETRÄNKE

Gut verträglich	Bedingt verträglich	Kaum verträglich
Kalte Getränke: • Cranberrysaft • Holunderblütensirup • Leitungswasser • Stilles Mineralwasser • Selbstgemachte Säfte aus günstigen Obst- und Gemüsesorten (siehe Seite XX – unbedingt ganz frisch trinken!) *Warme Getränke:* • Aufgüsse aus • Eisenkraut/Verbene • Lindenblüten • Pfefferminz • Rooibos • Salbei *Alkoholische Getränke:* • Keine	*Kalte Getränke:* • Cola • Heilwässer • Kohlensäurehaltiges Mineralwasser • Limonaden (ohne künstliche Süßstoffe) *Warme Getränke:* • Kaffee und Espresso • Brennesseltee • Grüner Tee • Kräutertee allgemein • Matetee *Alkoholische Getränke:* • Spezielle Rot- und Weißweine mit weniger als 0,1 mg Histamin pro Liter (als »histaminfrei« deklariert)	*Kalte Getränke:* • Energydrinks • Zitrusfruchtsäfte (Grapefruit, Orangen, Zitrone) • Tomatensaft *Warme Getränke:* • Kakaohaltige Getränke • Schwarzer Tee • Trinkschokolade *Alkoholische Getränke:* • Alle

INFORMATIONEN ZU DEN NÄHRWERTEN

Die EatSmarter!-Bewertung informiert Sie auf die Schnelle, was das gewählte Rezept Ihrem Körper zu bieten hat.

KALORIEN/ENERGIE

Anhand der Bewertung erkennen Sie, wie viel Gutes im gewählten Gericht zu finden ist; man spricht dabei von der Nährstoffdichte.

FETT

Fett ist Energielieferant und Baustein für die Produktion von bestimmten Hormonen. Außerdem können einige Vitamine nur vom Körper aufgenommen werden, wenn sie in Fett gelöst sind.

EIWEISS/PROTEIN

Eiweiß (Protein) gehört zu den Grundbausteinen menschlicher Zellen. Eiweiße steuern unzählige wichtige Prozesse im Körper, darunter den Stoffwechsel.

KOHLENHYDRATE

Kohlenhydrate bilden – neben Eiweißen und Fetten – den dritten wichtigen Bestandteil unserer Ernährung. Kohlenhydrate bestehen hauptsächlich aus Zuckermolekülen und sind wichtige Energielieferanten für unseren Körper.

GEMÜSEBRÜHE (GRUNDREZEPT)

Pro Portion (100 ml): Kilokalorien: 10; Fett: 1 g;
Protein: 0 g; Kohlenhydrate: 0 g

🕐 **3 STD. 45 MIN.**

Zutaten für 1200 ml

2 große Möhren
(ca. 300 g)
2 Pastinaken (ca. 300 g)
1 Stück Knollensellerie
(ca. 250 g)
4 Petersilienwurzeln
(ca. 200 g)
1 Stange Lauch
(ca. 250 g)
3 weiße Zwiebeln
1 EL Rapsöl
1 Bund Petersilie
10 schwarze
Pfefferkörner
4 Pimentkörner

1. Möhren, Pastinaken, Knollensellerie und Petersilien-wurzeln putzen und schälen. Lauch ebenfalls putzen, der Länge nach halbieren und waschen. Alles grob in Stücke schneiden.

2. Die Zwiebeln ungeschält halbieren.

3. Das Öl in einem großen Topf erhitzen. Das Gemüse darin bei geringer Hitze 8–10 Minuten unter Rühren andünsten (es darf dabei ruhig etwas Farbe annehmen).

4. Mit 4 Litern Wasser aufgießen und zum Kochen bringen.

5. Evtl. auftretenden Schaum mit einer Schaumkelle abschöpfen. Die Petersilie waschen und trocken schütteln und mit Pfeffer- und Pimentkörnern in den Topf geben. Alles ohne Deckel 60 Minuten bei mittlerer Hitze kochen.

6. Gemüsebrühe durch ein feines Sieb in einen 2. Topf gießen und 90 Minuten auf etwa 1,2 l einkochen lassen.

7. Die fertige Brühe in Schraubgläser füllen, verschließen und im Kühlschrank bis zu drei Tage aufbewahren.

TIPP

Für den Vorrat die Gemüsebrühe einfrieren: In Gefrierbeutel oder -do-sen – gegebenenfalls mit einem Trichter – umfüllen, gut verschließen und tiefkühlen. Dort hält sie sich mindestens drei Monate.

Für einen größeren Vorrat kochen Sie einfach beliebig größere Men-gen der Gemüsebrühe und wecken sie ein: Dafür saubere Einmachglä-ser (à 400 ml Inhalt) oder Gläser mit Twist-off-Deckel gründlich mit kochendem Wasser ausspülen, kopfüber auf ein sauberes Küchentuch stellen und trocknen lassen. Die Gemüsebrühe kochend heiß bis zum Rand in die trockenen Gläser füllen, gut verschließen und 5 Minuten auf den Kopf stellen. Wichtig: Vermeiden Sie unbedingt Handkontakt mit der Innenseite der Gläser und Deckeln, um eventuelle Bakterien-übertragungen zu vermeiden.

FRÜHSTÜCK

KNUSPRIGE QUARK-DINKEL-BRÖTCHEN

Pro Portion: Kilokalorien: 119; Fett: 5 g; Protein: 4 g; Kohlenhydrate: 13 g

🕐 1 STD. 10 MIN.

Zutaten für 15 Stück

30 g Butter

250 g Quark (20 % Fett)

1 Ei (Größe S)

1 TL Salz

250 g Dinkelvollkornmehl

1 Tütchen Weinsteinback-pulver

2 EL Milch (3,5 % Fett)

2 EL Sesam (evtl. weglassen, falls unverträglich)

1. Die Butter in einem Topf zerlassen und leicht abkühlen lassen.

2. Quark, Ei, Salz und Butter mit dem Handmixer glatt rühren.

3. Mehl und Backpulver in einer separaten Schüssel mischen. Zuerst mit den Quirlen, dann mit den Knethaken des Handmixers unter die Quarkmasse arbeiten.

4. Schließlich den Teig mit den Händen auf der Arbeitsfläche etwa 3 Minuten durchkneten.

5. Den Teig zugedeckt etwa 10 Minuten ruhen lassen, danach zu einer Rolle formen und in 15 gleich große Stücke schneiden. Diese mit den Händen zu Kugeln rollen und auf ein mit Backpapier belegtes Backblech legen.

6. Die Brötchen mit einem scharfen Messer kreuzweise einritzen, mit Milch bestreichen und mit Sesam bestreuen. Zudecken und ca. 10 Minuten ruhen lassen.

7. Den Backofen auf 220 °C (Umluft 200 °C, Gas: Stufe 3–4) vorheizen. Ein tiefes Backblech unten in den Ofen schieben und mit ca. 250 ml Wasser füllen. Das Blech mit den Brötchen auf die mittlere Schiene schieben, die Hitze auf 180 °C (Umluft: 160 °C, Gas: Stufe 2–3) reduzieren und die Brötchen ca. 25 Minuten goldbraun backen. Auf einem Rost abkühlen lassen.

WARUM GESUND

Gute Nachricht für eilige Bäcker: Backpulver (statt der sonst üblichen Hefe) spart hier ordentlich Wartezeiten während der Zubereitung ein! Und vor allem wird der Teig dadurch auch für alle bekömmlich, die Hefe nicht vertragen.

VOLLKORN-MILCHREIS MIT CRANBERRYS UND NÜSSEN

Pro Portion: Kilokalorien: 443; Fett: 9 g; Protein: 10 g; Kohlenhydrate: 76 g

🕐 **12 STD. 15 MIN.**

Zutaten für 4 Portionen

175 g Vollkornreis

450 ml Milch (1,5 %)

Zimt

2 Äpfel

400 g frische Cranberrys

2 EL Ahornsirup

2 EL gehackte Macadamianüsse (falls verträglich)

1. 475 ml Wasser aufkochen und den Reis darin zugedeckt bei niedriger Hitze 45 Minuten kochen, bis das Wasser vollständig aufgenommen wurde. (Lässt sich gut am Vortag vorbereiten.)

2. Die Milch in einen Topf geben, Reis und 1–2 Prisen Zimt zufügen. Unter ständigem Rühren zum Kochen bringen. Bei niedriger Hitze 5–6 Minuten cremig kochen, dabei ständig rühren, damit nichts anbrennt.

3. Die Äpfel waschen, vierteln, vom Kerngehäuse befreien. Einen Apfel klein würfeln.

4. Die Apfelwürfel mit den Cranberrys zum Porridge geben, unter Rühren kurz darin erwärmen. Den Porridge mit Ahornsirup süßen. In vier Schalen geben. Den verbliebenen Apfel in dünne Spalten schneiden und auf dem Porridge anrichten. Mit den gehackten Nüssen garnieren und warm servieren.

HEIDELBEER-MANDEL-MÜSLI

Pro Portion: Kilokalorien: 287; Fett: 15 g; Protein: 4 g;
Kohlenhydrate: 13 g

 **15 MIN.**

Zutaten für 4 Portionen

2 EL Mandelblättchen

400 g Heidelbeeren

8 EL Haferflocken

250 ml Milch (1,5 %)

150 g Magerquark

100 g Sahne

2 EL Honig

gemahlene Vanille

gemahlener Zimt

1 EL frische Mungobohnen-
keime (evtl. weglassen,
falls unverträglich)

einige Minzeblättchen
zum Garnieren

1. Die Mandelblättchen in einer Pfanne ohne Fettzugabe unter Rühren rösten, bis sie goldgelb sind und zu duften beginnen. Vom Herd nehmen, beiseitestellen und abkühlen lassen.

2. Die Heidelbeeren waschen, verlesen und abtropfen lassen. Einige schöne Früchte zum Garnieren zurück- behalten. Die restlichen Heidelbeeren mit dem Stab- mixer pürieren.

3. Die Haferflocken auf vier Müslischalen verteilen. Milch und Quark in einem Rührbecher glatt rühren. Sahne, Honig und die pürierten Heidelbeeren unterrühren.

4. Den Milch-Mix mit Vanille und Zimt abschmecken. Zu gleichen Teilen über die Haferflocken gießen. Das Müsli mit Keimlingen, Mandelblättchen, ganzen Heidelbeeren und Minze garniert servieren.

TIPP

Sie können das Müsli auch mit roten oder schwarzen Johannisbeeren zuberei- ten. Die Früchte jedoch am besten nach dem Pürieren durch ein Sieb streichen, um die kleinen Kernchen zu entfernen.

KNÄCKEBROT MIT QUARK UND APFEL

Pro Portion: Kilokalorien: 381; Fett: 3 g; Protein: 11,8 g;
Kohlenhydrate: 75 g

 8 MIN.

Zutaten für 1 Portion

2 Scheiben Roggen-
knäckebrot

50 g Quark (20 %)

1 Apfel

4 TL Kirschkonfitüre

Sesam, zum Bestreuen
(falls verträglich)

1. Die Knäckebrote mit Quark bestreichen. Den Apfel abspülen, vierteln, entkernen und in Scheiben schneiden.

2. Apfelscheiben und Kirschkonfitüre auf dem Quark verteilen und nach Belieben mit etwas Sesam bestreuen.

KOKOSMILCHREIS MIT BLAUBEEREN

Pro Portion: Kilokalorien: 170; Fett: 4,7 g; Protein: 4 g;
Kohlenhydrate: 27,8 g

🕐 **35 MIN.**

Zutaten für 4 Portionen

400 ml Kokosmilch
150 ml Milch (1,5 %)
1 Tütchen Vanillezucker
2 EL Zucker
150 g Milchreis
150 g frische Blaubeeren
2 EL Kokosraspel (20 g)
1 TL Puderzucker (5 g)

1. Die Kokosmilch mit Milch, Vanillezucker und Zucker in einen Topf geben. Aufkochen lassen, dann den Reis einrühren. Bei geringer Hitze (kleinste Stufe) zugedeckt ca. 30 Minuten gar quellen lassen. Dabei öfter umrühren.

2. Inzwischen die Blaubeeren waschen und trocken tupfen. Kokosraspel in einer Pfanne ohne Fett bei mittlerer Hitze goldgelb anrösten.

3. Den Milchreis auf vier Schälchen verteilen. Mit Blaubeeren, Puderzucker und Kokosraspeln garniert servieren.

TIPP

Der Milchreis schmeckt warm sehr gut, Sie können ihn aber ebenso abkühlen lassen – ganz nach Gusto. Falls er nachdickt, noch etwas Milch unterrühren. Zur Abwechslung und je nach Jahreszeit passen statt der Blaubeeren auch frische Brombeeren, entsteinte Kirschen oder Melonenstückchen.

MARMELADEN-PFANNKUCHEN

Pro Stück: Kilokalorien: 209; Fett: 10 g; Protein: 5 g;
Kohlenhydrate: 24 g

🕐 1 STD. 5 MIN.

Zutaten für 8 Stück

350 ml Milch (1,5 % Fett)

150 g Dinkelmehl

1 Ei

1 Eigelb

15 g Vanillezucker

1 Prise Salz

4 EL Butter

8 TL histaminarme Konfitüre
(z. B. Johannisbeer
oder Kirsche)

Zucker, zum Bestreuen

1. Die Milch mit Mehl, Ei, Eigelb, Vanillezucker und Salz glatt rühren. Dann ca. 20 Minuten ruhen lassen.

2. 1 TL Butter in einer Pfanne erhitzen. 1 kleine Kelle Teig hineingeben. Den Pfannkuchen bei mittlerer Hitze von jeder Seite in 1–2 Minuten goldbraun backen.

3. Die fertigen Pfannkuchen im vorgeheizten Backofen bei 80 °C (Umluft 60 °C; Gas: kleinste Stufe) warmhalten.

4. Mit der restlichen Butter und dem restlichen Teig ebenso verfahren und weitere 7 Pfannkuchen backen.

5. Pfannkuchen mit je 1 TL Konfitüre und nach Belieben mit etwas Zucker bestreut servieren.

QUARK-KARTOFFELPLÄTZCHEN MIT BROMBEERKOMPOTT

Pro Portion: Kilokalorien: 433; Fett: 17,3 g; Protein: 12,4 g; Kohlenhydrate: 45 g

🕐 1 STD.

Zutaten für 4 Portionen

4 EL Cranberry- oder Blaubeersirup

1 gestr. TL Speisestärke

500 g Brombeeren

500 g mehligkochende Kartoffeln

150 g Magerquark

60 g Dinkelmehl

1 Ei (Größe M)

40 g Zucker

1 Tütchen Vanillezucker

1 TL Zimt

4 EL Öl

2 EL Butter

Zitronenmelisse, zum Garnieren

1. Für das Kompott den Sirup mit 60 ml Wasser aufkochen. Die Speisestärke mit 1 EL Wasser verrühren und den Sirup damit andicken. Die Brombeeren verlesen, zugeben und 1 Minute leise köcheln. Den Kompott abkühlen lassen.

2. Die Kartoffeln mit Schale 20–25 Minuten kochen. Den Magerquark in einem feinen Sieb abtropfen lassen und in Küchenpapier gut ausdrücken. Die Kartoffeln abgießen und pellen, durch eine Kartoffelpresse drücken und etwas abkühlen lassen. Die Kartoffelmasse mit Quark, Mehl, Ei, Zucker, Vanillezucker und Zimt zu einem glatten Teig vermengen.

3. Aus dem Teig mit leicht bemehlten Händen kleine Plätzchen (ca. 6 cm Ø) formen. Öl und Butter in einer beschichteten Pfanne erhitzen und die Plätzchen darin von beiden Seiten goldbraun braten. Mit dem Kompott anrichten und mit Zitronenmelisse garnieren.

VOLLKORNBRÖTCHEN MIT MÖHREN-DATTEL-CREME

Pro Portion: Kilokalorien: 257; Fett: 1 g; Protein: 12 g;
Kohlenhydrate: 47 g;

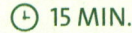 15 MIN.

Zutaten für 4 Portionen

250 g Ricotta
2–3 EL Milch (1,5 % Fett)
Salz
Pfeffer
6 frische Datteln
3 kleine Möhren
2 Dinkelvollkornbrötchen
4 Minzeblättchen

1. Den Ricotta mit Milch glatt rühren und mit Salz und Pfeffer würzen.

2. Die Datteln waschen, halbieren, entkernen und in feine Streifen schneiden.

3. Die Möhren schälen und fein raspeln. Mit den Datteln unter die Creme heben.

4. Die Brötchen halbieren, mit der Möhren-Dattel-Creme bestreichen und mit je einem Minzeblättchen garnieren.

KOKOSQUARK MIT PFIRSICH

Pro Portion: Kilokalorien: 115; Fett: 4,2 g; Protein: 3,5 g;
Kohlenhydrate: 15,9 g;

⏱ 10 MIN.

Zutaten für 1 Portion

1 EL Kokosraspel
1 großer Pfirsich
150 g Magerquark
2 TL Kokosmilch
1 TL flüssiger Honig

1. Die Kokosraspel in einer Pfanne ohne Fett hellbraun anrösten und abkühlen lassen. Den Pfirsich mit einem Schaumlöffel für einige Sekunden in kochendes Wasser tauchen, kalt abschrecken, schälen, halbieren und entsteinen.

2. Das Fruchtfleisch in dünne Spalten schneiden und auf einem Teller anrichten.

3. Den Quark mit Kokosmilch, der Hälfte der Kokosraspel und dem Honig verrühren. Zu den Pfirsichspalten geben und mit den restlichen Kokosraspeln bestreuen.

HAUPTGERICHTE

▶

PAPRIKA-PASTA

Pro Portion: Kilokalorien: 391; Fett: 3,7 g; Protein: 13,7 g;
Kohlenhydrate: 70,2 g

🕐 **20 MIN.**

Zutaten für 4 Portionen

400 g Dinkel-Tagliatelle oder
andere schmale Bandnudeln

Salz

2 gelbe Paprika

2 rote Paprika

2 Knoblauchzehen

1 EL Butter

250 ml Gemüsebrühe, siehe
Grundrezept Seite 18

Pfeffer aus der Mühle

2 EL fein gehackte Petersilie

2 EL fein geschnittenes
Basilikum

1. Die Nudeln in reichlich kochendem Salzwasser nach Packungsanweisung bissfest garen.

2. Inzwischen die Paprika waschen, putzen, halbieren und der Länge nach in schmale Streifen schneiden. Den Knoblauch abziehen, in sehr dünne Scheiben schneiden und in der Butter glasig dünsten. Die Paprikastreifen zufügen und 3–4 Minuten andünsten. Die Gemüsebrühe zugießen und alles ca. 8 Minuten köcheln lassen. Salzen, pfeffern und die Kräuter unterrühren.

3. Die abgetropften Nudeln unter das Gemüse mischen, alles nochmals kurz erhitzen und servieren.

PASTA MIT MÖHREN, ROSINEN UND SAFRAN

Pro Portion: Kilokalorien: 554; Fett: 11 g; Protein: 15 g; Kohlenhydrate: 93 g

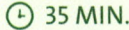 35 MIN.

Zutaten für 2 Portionen

30 g Sultaninen

4 EL Traubensaft

3 Möhren (ca. 250 g)

1 kleine weiße Zwiebel

1 Knoblauchzehe

2 EL Olivenöl

200 g Pappardelle oder andere Bandnudeln

2 Stiele Petersilie

1 Msp. Safranfäden

300 ml Gemüsebrühe, siehe Grundrezept Seite 18

Salz

Pfeffer

1. Die Sultaninen im Traubensaft mindestens 15 Minuten einweichen.

2. Inzwischen die Möhren schälen und mit dem Sparschäler in sehr dünne, lange Streifen schneiden. Die Zwiebel schälen und in feine Streifen schneiden. Den Knoblauch schälen und in feine Scheiben schneiden.

3. Das Olivenöl in einer Pfanne erhitzen. Zwiebel und Knoblauch darin bei mittlerer Hitze ca. 5 Minuten langsam weichdünsten.

4. Inzwischen die Pappardelle in reichlich kochendem Salzwasser nach Packungsanweisung bissfest garen. Während die Nudeln kochen, Petersilie waschen, trocken schütteln, Blätter abzupfen und hacken.

5. Möhrenstreifen, Sultaninen mit Saft und Safran in die Pfanne geben. Die Brühe dazugießen und alles mit Salz und Pfeffer würzen. Bei geringer Hitze weitere 4–5 Minuten garen.

6. Die Nudeln abgießen und gut abtropfen lassen. Mit der Petersilie in die Pfanne geben und alles vermischen. Nochmals mit Salz und Pfeffer abschmecken und sofort servieren.

WARUM GESUND

Möhren sind die Spitzenreiter unter den Provitamin-A-liefernden Gemüsesorten. Vor allem unsere Augen profitieren davon, da Vitamin A für die Sehkraft, besonders bei Dunkelheit, unabdingbar ist. Außerdem ist dieses Vitamin wichtig für Haut, Schleimhäute und Haare sowie Knochenentwicklung und Fortpflanzung.

NOCH SMARTER

Das Gericht schmeckt auch mit Vollkornnudeln lecker, die ein Plus an darmgesunden Ballaststoffen, Eisen, Magnesium und B-Vitaminen liefern – für noch mehr Power und starke Nerven.

KÜRBIS-NUDEL-GRATIN MIT ZUCCHINI

Pro Portion: Kilokalorien: 540; Fett: 19,5 g; Protein: 21 g; Kohlenhydrate: 72 g

🕐 1 STD.

Zutaten für 4 Portionen

300 g Dinkel-Penne

350 g Fruchtfleisch vom Butternusskürbis

1 Zucchini (200 g)

3 EL Olivenöl

Salz

Pfeffer

125 g Mozzarella

40 g junger Emmentaler

4 Handvoll ungezuckerte Cornflakes

1. Die Penne in reichlich kochendem Salzwasser nach Packungsanweisung bissfest garen.

2. Das Kürbisfruchtfleisch würfeln. Die Zucchini waschen, putzen und in Scheiben schneiden.

3. Das Gemüse in 2 EL Öl in einer großen Pfanne bei geringer Hitze ca. 10 Minuten zugedeckt dünsten. Dabei öfter umrühren und bei Bedarf 1–2 EL Wasser angießen. Mit Salz und Pfeffer würzen.

4. Den Backofen auf 220 °C (Umluft: 200 °C, Gas: Stufe 3–4) vorheizen. Die Nudeln abgießen und gut abtropfen lassen. Den Mozzarella ebenfalls abtropfen lassen und in kleine Stücke schneiden. Den Emmentaler grob reiben.

5. Die Penne mit dem Pfannengemüse, dem Käse und dem restlichen Olivenöl mischen und in eine feuerfeste Form geben.

6. Die Mozzarellastücke darüber verteilen und im vorgeheizten Ofen etwa 15 Minuten überbacken.

7. Die Cornflakes leicht zerbröseln und über das Gratin streuen. Weitere 2–3 Minuten überbacken, dann herausnehmen und sofort servieren.

PASTA MIT ZUCCHINISAUCE

Pro Portion: Kilokalorien: 440; Fett: 8 g; Protein: 14 g;
Kohlenhydrate: 77,5 g

🕐 **25 MIN.**

Zutaten für 4 Portionen

400 g Linguine oder
andere schmale Nudeln

Salz

2 Zucchini (ca. 400 g)

2 EL Olivenöl

grob gemahlener
schwarzer Pfeffer

50 ml Gemüsebrühe, siehe
Grundrezept Seite 18

gemischte frisch gehackte
Kräuter, zum Bestreuen

1. Die Linguine in reichlich Salzwasser gemäß Packungs-anweisung bissfest garen.

2. Inzwischen die Zucchini waschen, mit einem Spiral-schneider in Spaghettiform bringen oder der Länge nach in feine Streifen schneiden und im heißen Olivenöl andünsten. Pfeffern, die Brühe dazugießen und 2–3 Minuten dünsten.

3. Die Nudeln abgießen, unter die Zucchini mischen und mit Kräutern garniert servieren.

TIPP

Besonders hübsch sieht das super einfache und fixe Pasta-Gericht aus, wenn Sie je eine grüne und eine gelbe Zucchini verwenden.

HÄHNCHEN-REIS-PFANNE

Pro Portion: Kilokalorien: 534; Fett: 14 g; Protein: 39 g;
Kohlenhydrate: 60 g

🕐 **35 MIN.**

Zutaten für 4 Portionen

1 kleine Stange Lauch
(falls verträglich)

2 Knoblauchzehen

3 EL Olivenöl

300 g Langkornreis

600 ml Gemüsebrühe,
siehe Grundrezept Seite 18

600 g Hähnchenbrustfilet

Salz

schwarzer Pfeffer
aus der Mühle

½ Bund Petersilie

1. Den Lauch waschen, putzen, der Länge nach halbieren und quer in Streifen schneiden. Den Knoblauch schälen und fein hacken.

2. 1 EL Öl in einer großen Pfanne mit hohem Rand erhitzen, Knoblauch mit Lauch darin andünsten. Den Reis dazugeben und kurz mitdünsten. Dann die Brühe angießen und bei geringer Hitze ca. 20 Minuten köcheln.

3. Das Hähnchenbrustfilet waschen, trocken tupfen und in mundgerechte Stücke schneiden. In einer zweiten Pfanne im restlichen heißen Olivenöl rundum scharf anbraten. Salzen und pfeffern. Unter häufigem Wenden bei mittlerer Hitze ca. 5 Minuten weiterbraten.

4. Die Petersilie waschen, trocken schütteln, die Blätter abzupfen und fein hacken.

5. Hähnchenstücke und Petersilie unter den Reis heben. Noch einmal mit Salz und Pfeffer abschmecken und sofort servieren.

KARTOFFELAUFLAUF MIT ROTER BETE

Pro Portion: Kilokalorien: 370; Fett: 27 g; Protein: 8 g; Kohlenhydrate: 23 g

 1 STD.

Zutaten für 4 Portionen

1 Knoblauchzehe

1 EL Butter für die Form

400 g festkochende Kartoffeln

300 g Rote Beten

200 g Sahne

1 EL frische Thymianblättchen

60 g geriebener junger
Käse (z. B. Gouda)

2 EL Crème double

Salz

schwarzer Pfeffer
aus der Mühle

frisch geriebener Muskat

1. Den Backofen auf 200 °C (Umluft: 180 °C, Gas: Stufe 3) vorheizen. Die Knoblauchzehe schälen.

2. Eine feuerfeste Form mit der Knoblauchzehe ausreiben und anschließend mit Butter einfetten.

3. Die Kartoffeln waschen, schälen und längs in dünne Spalten schneiden.

4. Die Roten Beten unter fließendem Wasser gut sauber bürsten, schälen und ebenfalls in schmale Spalten schneiden. Die Sahne mit Thymian, Käse und Crème double verrühren. Mit Salz, Pfeffer und Muskat würzen.

5. Die Spalten in der vorbereiteten Form verteilen und die Sahnemischung darübergießen. Den Auflauf im vorgeheizten Backofen 35–40 Minuten goldbraun backen und anschließend sofort servieren.

TIPP

Beim Schälen und Schneiden der Roten Bete unbedingt Einmalhandschuhe tragen und über einem Teller arbeiten – der Saft verfärbt sonst Hände ebenso wie Holz oder Kunststoff nachhaltig.

HÄHNCHENBRUSTFILET MIT ESTRAGONSAHNE, BROKKOLI UND KARTOFFELN

*Pro Portion: Kilokalorien: 465; Fett: 22 g; Protein: 42,5 g;
Kohlenhydrate: 20 g*

🕐 **40 MIN.**

Zutaten für 4 Portionen

4 kleine Hähnchenbrustfilets
(à ca. 175 g)

Salz

1 Schalotte

2 EL Olivenöl

200 ml Gemüsebrühe, siehe
Grundrezept Seite 18

450 g neue Bio-Kartoffeln

300 g Brokkoliröschen

150 g Sahne

2 EL frisch gehackter
Estragon

Salz

schwarzer Pfeffer
aus der Mühle

Estragonblättchen,
zum Garnieren

1. Die Hähnchenfilets abspülen, trocken tupfen und leicht salzen.

2. Die Schalotte schälen, fein würfeln und in einer Pfanne im heißen Öl glasig dünsten. Die Hähnchenfilets dazugeben und ca. 5 Minuten goldbraun braten. Die Brühe zugießen und zugedeckt auf kleinster Stufe ca. 15 Minuten schmoren.

3. Inzwischen die Kartoffeln gründlich waschen, 20 Minuten gar kochen, abgießen und abtropfen lassen. Die Brokkoliröschen in reichlich Salzwasser 5–6 Minuten blanchieren, dann abgießen und abtropfen lassen.

4. Die Sahne und den gehackten Estragon in die Pfanne zum Hähnchen geben. Die Temperatur hochschalten und alles ca. 2 Minuten offen einkochen, sodass die Sauce etwas andickt.

5. Je ein Hähnchenfilet mit Kartoffeln, Brokkoli und Sauce auf Tellern anrichten. Mit Estragonblättchen garnieren und sofort servieren.

TIPP

Die ganz jungen, neuen Kartoffeln haben eine so zarte Schale, dass man sie mitessen kann. Das ist schon darum eine gute Idee, weil in der Schale besonders viele Mineralstoffe stecken. Außerhalb der Saison können Sie natürlich auch die üblichen Pellkartoffeln kochen und sie nach dem Abschrecken wie gewohnt pellen.

MANGO-SEELACHS AUF REIS

Pro Portion: Kilokalorien: 376; Fett: 9 g; Protein: 25 g;
Kohlenhydrate: 48 g

🕐 **40 MIN.**

Zutaten für 4 Portionen

150 g Basmati

Salz

400 g sehr frische
Seelachsfilets

1 daumengroßes Stück
Ingwerwurzel (ca. 10 g)

1 TL milder Senf

2 EL Olivenöl

Pfeffer

2 rote Paprika

2 reife Mangos

2 Stiele Estragon

edelsüßes Paprikapulver

1. Den Reis in Salzwasser nach Packungsanweisung garen.

2. Inzwischen die Seelachsfilets unter kaltem Wasser abspülen, trocken tupfen und in 2 cm dicke Würfel schneiden. Den Ingwer schälen und fein reiben. Ingwer, Senf, 2 EL Wasser und 1 EL Öl verrühren. Salzen, pfeffern und über den Fisch gießen. Alles gut mischen und ca. 20 Minuten marinieren.

3. Währenddessen Paprika waschen, putzen und von Kernen und weißen Innenwänden befreien. Mangos schälen und das Fruchtfleisch am Kern herunterschneiden. Paprika und Mango in mundgerechte Stücke schneiden. Estragon waschen, trocken schütteln, die Blätter abzupfen und hacken.

4. Das restliche Öl in einer Pfanne erhitzen. Paprika darin andünsten, den Fisch zugeben und die Marinade darübergießen. Bei mittlerer Hitze 5–7 Minuten dünsten. Mango und Estragon zugeben, mit Paprikapulver abschmecken und mit dem Reis anrichten.

TIPP

Falls Sie Limette gut vertragen, können Sie ein paar Schnitze dazu reichen.

ROSMARINKANINCHEN MIT FEIGEN

Pro Portion: Kilokalorien: 450; Fett: 22 g; Protein: 43 g; Kohlenhydrate: 17 g

 **1 STD.**

Zutaten für 4 Portionen

2 frische Kaninchenrücken (küchenfertig)

Salz

Pfeffer aus der Mühle

2 EL Olivenöl

450 ml Gemüsebrühe, siehe Grundrezept Seite XX

2 Lorbeerblätter

½ TL Pfefferkörner

2 Pimentkörner

3 Wacholderbeeren

1 EL frisch gehackter Rosmarin

6 reife frische Feigen

1. Den Backofen auf 160 °C Ober- und Unterhitze (Umluft: 140 °C, Gas: Stufe 1–2) vorheizen.

2. Die Kaninchenrücken waschen, trocken tupfen und in je 6–12 gleichgroße Stücke schneiden. Salzen, pfeffern und in einem Bräter im heißen Öl rundum goldbraun anbraten.

3. Die Gemüsebrühe dazugießen. Kräuter und Gewürze zugeben und den Bräter in den vorgeheizten Ofen schieben. Das Kaninchen 15 Minuten schmoren.

4. Inzwischen die Feigen vorsichtig waschen, trocken tupfen und putzen. Jeweils längs halbieren oder in Scheiben schneiden. Zum Kaninchen geben und zusammen weitere 10–15 Minuten schmoren.

5. Die Kaninchenstücke mit den Feigen auf Tellern anrichten. Den Schmorsud mit Salz und Pfeffer abschmecken, nach Belieben absieben und darübergießen.

NOCH SMARTER

Als perfekte Beilage zu diesem italienisch inspirierten Leckerbissen empfehlen wir Polenta (siehe Rezept auf Seite 55). Es dürfen aber auch gern Pellkartöffelchen oder ein Risotto sein.

RINDERGULASCH MIT KAROTTEN UND KARTOFFELPÜREE

Pro Portion: Kilokalorien: 560; Fett: 33 g; Protein: 37 g; Kohlenhydrate: 27 g

🕐 2 STD. 15 MIN.

Zutaten für 4 Portionen

600 g frisches Rindergulasch

2 weiße Zwiebeln

2 Knoblauchzehen

300 g Babymöhren

30 g Butterschmalz

2 TL Currypulver

1 Msp. Zimt

1 Msp. Kardamom

400 ml Gemüsebrühe,
siehe Grundrezept Seite 18

Salz

schwarzer Pfeffer
aus der Mühle

60 g Butter

500 g mehligkochende
Kartoffeln

200 ml Milch

Muskatnuss

½ Bund Petersilie

1. Das Fleisch waschen, trocken tupfen und je nach Größe evtl. in mundgerechte Würfel schneiden.

2. Die Zwiebeln und den Knoblauch abziehen und fein würfeln. Die Karotten putzen und abbürsten.

3. In einer hohen Pfanne das Butterschmalz zerlassen und das Gulasch darin portionsweise scharf anbraten.

4. Zwiebeln, Knoblauch und Gewürze zufügen. Kurz andünsten und mit der Gemüsebrühe ablöschen. Salzen, pfeffern und bei mittlerer Hitze zugedeckt 60 Minuten schmoren lassen.

5. Inzwischen die ganzen Karotten in einer Pfanne in 20 g Butter andünsten. Zum Gulasch geben und weitere 30 Minuten schmoren.

6. Die Kartoffeln schälen, waschen, grob würfeln und in kochendem Salzwasser 20 Minuten garen. Abgießen und durch eine Kartoffelpresse drücken. Die Milch erhitzen, über die Kartoffeln gießen. Die restliche Butter zugeben und alles zu einem geschmeidigen Püree verrühren. Mit Salz, Pfeffer und Muskat abschmecken.

7. Die Petersilie waschen, trocken schütteln, die Blättchen von den Stielen streifen und fein hacken.

8. Das Gulasch mit Salz und Pfeffer abschmecken. Mit dem Kartoffelpüree auf Tellern anrichten. Mit der frisch gehackten Petersilie bestreut servieren.

FEINER FISCH-GEMÜSE-TOPF

Pro Portion: Kilokalorien: 480; Fett: 32 g; Protein: 22,6 g;
Kohlenhydrate: 23,7 g

🕐 **40 MIN.**

Zutaten für 4 Portionen

400 g sehr frische, feste
Fischfilets (z. B. Heilbutt)

Salz

weißer Pfeffer

4 Möhren

400 g Kartoffeln

500 ml Gemüsebrühe,
siehe Grundrezept Seite 18

400 g Sahne

1 EL Mais- oder
Kartoffelstärke

1 TL frisch gehackter Kerbel

1. Die Fischfilets abspülen, trocken tupfen und in 2 cm dicke Würfel schneiden. Mit Salz und Pfeffer gewürzt ein paar Minuten ziehen lassen.

2. Die Möhren waschen, putzen, schälen und in dicke Scheiben schneiden.

3. Die Kartoffeln waschen, schälen, würfeln und in der Gemüsebrühe 20 Minuten garen. Die Möhren zufügen und weitere 5 Minuten garen. Die Sahne einrühren und bei mittlerer Hitze aufkochen lassen. Die Stärke mit etwas kaltem Wasser anrühren, in die Sahne rühren und das Ganze nochmals aufkochen lassen.

4. Den Fisch in den Topf geben, die Hitze reduzieren und bei niedriger Temperatur 3–5 Minuten gar ziehen lassen. Mit Salz und Pfeffer abschmecken und mit Kerbel bestreut servieren.

KÜRBIS-APFEL-SUPPE MIT KÜRBISKERNÖL

Pro Portion: Kilokalorien: 400; Fett: 30 g; Protein: 4,5 g; Kohlenhydrate: 26 g

🕐 **45 MIN.**

Zutaten für 2 Portionen

500 g Fruchtfleisch vom Hokkaido-Kürbis

1 Apfel (150 g)

1 weiße Zwiebel

1 EL Rapsöl

700 ml Gemüsebrühe, siehe Grundrezept Seite 18

1 daumengroßes Stück Ingwerwurzel (ca. 10 g)

4 EL Sahne

Salz

Pfeffer

4 TL Kürbiskernöl

1. Das Kürbisfruchtfleisch würfeln. Den Apfel schälen, halbieren, das Kerngehäuse entfernen und das Fruchtfleisch ebenfalls würfeln.

2. Die Zwiebel abziehen, grob hacken und im heißen Öl in einem Topf glasig dünsten. Kürbis- und Apfelwürfel zufügen und kurz mitdünsten. Mit der Gemüsebrühe aufgießen, einen Deckel auflegen und alles etwa 25 Minuten weich garen.

3. Den Ingwer schälen und fein reiben oder sehr fein hacken. Zum Kürbis geben.

4. Die Suppe mit einem Stabmixer oder in der Küchenmaschine fein pürieren. Die Sahne unterrühren und mit Salz und Pfeffer kräftig abschmecken. In Suppenschalen füllen und mit Kürbiskernöl beträufelt servieren.

SCHELLFISCH MIT PAPRIKARAHM UND GEMÜSEREIS

Pro Portion: Kilokalorien: 660; Fett: 27 g; Protein: 40 g; Kohlenhydrate: 62 g

🕐 **40 MIN.**

Zutaten für 4 Portionen

4 sehr frische Schellfisch-koteletts (à 175 g)

500 ml Gemüsebrühe, siehe Grundrezept Seite 18

2 EL Butter

300 g Wildreismischung

Salz

1 grüne Paprika

2 rote Paprika

1 kleine weiße Zwiebel

1 Becher Crème double

Pfeffer

1. Den Fisch waschen und trocken tupfen. Die Brühe in einen Topf geben, einen passenden Dämpfeinsatz mit 1 EL Butter bestreichen und hineinhängen.

2. Die Fischkoteletts in den Einsatz legen und die Gemüsebrühe zum Kochen bringen. Einen passenden Deckel auflegen und den Fisch 12 Minuten garen.

3. Inzwischen den Reis gemäß Packungsanweisung in Salzwasser zubereiten. Alle Paprika waschen, halbieren und entkernen; die grüne Paprika beiseitelegen.

4. Die roten Paprika sehr fein würfeln. Zwiebel schälen, fein hacken und in der verbliebenen Butter in einer Pfanne andünsten. Rote Paprikawürfel zugeben und 8 Minuten dünsten.

5. Die Crème double unter die Paprika rühren, alles bei geringer Hitze 4 Minuten köcheln und anschließend mit einem Stabmixer grob pürieren.

6. Mit Salz und Pfeffer abschmecken.

7. Die grüne Paprika in feine Streifen schneiden. In kochendem Salzwasser 5 Minuten blanchieren, abgießen, abtropfen lassen und unter den gegarten Reis heben.

8. Die Fischkoteletts mit dem Gemüsereis auf Tellern anrichten, mit dem Paprikarahm übergießen und servieren.

RINDERFILET MIT OFENGEMÜSE

Pro Portion: Kilokalorien: 450; Fett: 19 g; Protein: 37 g;
Kohlenhydrate: 31,6 g

🕐 **35 MIN.**

Zutaten für 4 Portionen

600 g Kartoffeln

600 g Fruchtfleisch vom
Hokkaido-Kürbis

2 Knoblauchzehen

1 Bund Thymian

4 EL Olivenöl

Meersalz

Pfeffer aus der Mühle

600 g frisches Rinderfilet
(nicht abgehangen)

1. Den Backofen auf 200 °C (Umluft: 180 °C, Gas: Stufe 3) vorheizen. Die Kartoffeln waschen, schälen und längs in Spalten schneiden.

2. Das Kürbisfruchtfleisch ebenfalls in längliche Spalten schneiden. Knoblauch abziehen und fein hacken. Thymian waschen, trocken schütteln und die Blättchen abstreifen.

3. Ein Backblech mit Backpapier auslegen. Kartoffel- und Kürbisspalten abwechselnd darauf verteilen.

4. Knoblauch und Thymian darüberstreuen, mit Salz und Pfeffer kräftig würzen. 2 EL Olivenöl darüberträufeln und das Gemüse im vorgeheizten Ofen ca. 30 Minuten goldbraun backen.

5. Das Rinderfilet in breite Streifen schneiden und im restlichen heißen Öl rundum 4–5 Minuten anbraten (je nach Vorliebe länger oder kürzer).

6. Die Pfanne vom Herd nehmen. Das Rinderfilet salzen, pfeffern und 2 Minuten abgedeckt ruhen lassen. Auf vorgewärmten Tellern mit dem Ofengemüse anrichten und servieren.

KARTOFFEL-BULGUR-PFANNE MIT ZUCKERSCHOTEN UND MÖHREN

Pro Portion: Kilokalorien: 370; Fett: 10 g; Protein: 10 g;
Kohlenhydrate: 58 g

🕐 **52 MIN.**

Zutaten für 4 Portionen

100 g Bulgur

Salz

4 Möhren

150 g Zuckerschoten

1 Schalotte

800 g kleine Pellkartoffeln (vom Vortag)

3 EL Olivenöl

1 TL Zucker

Pfeffer

1 EL grob gehackter Rosmarin

2 EL frisch gehackter Koriander

1. Den Bulgur gemäß Packungsanweisung mit leicht gesalzenem Wasser zubereiten. Zum Schluss den Bulgur mit einer Gabel auflockern.

2. Die Möhren waschen, putzen, schälen und in Scheiben schneiden. Die Zuckerschoten ebenfalls waschen, putzen und schräg halbieren. Möhren und Zuckerschoten in kochendem Salzwasser 1–2 Minuten blanchieren. Mit kaltem Wasser abschrecken und gut abtropfen lassen.

3. Die Schalotte abziehen und fein würfeln.

4. Die Kartoffeln pellen, evtl. halbieren und in heißem Olivenöl 5–6 Minuten goldbraun braten. Dabei die Pfanne ab und zu rütteln. Die Schalotte dazugeben, mit dem Zucker bestreuen und das Ganze weitere 2–3 Minuten braten.

5. Bulgur, Möhren und Zuckerschoten in die Pfanne geben und 1–2 Minuten unter Rühren heiß werden lassen.

6. Die Kartoffel-Bulgur-Pfanne salzen und pfeffern, mit den gehackten Krautern bestreuen und servieren.

PAPRIKAGEMÜSE MIT POLENTA

Pro Portion: Kilokalorien: 330; Fett: 17,5 g; Protein: 6 g;
Kohlenhydrate: 34 g

🕐 **50 MIN.**

Zutaten für 4 Portionen

700 ml Gemüsebrühe,
Grundrezept siehe Seite 18

150 g Instant-Polenta

2 EL Butter

Salz

2 gelbe Paprika

2 rote Paprika

1 Knoblauchzehe

1 Schalotte

2 EL Olivenöl

1 TL frisch gehackter
Rosmarin

1 EL frisch gehackter
Oregano

Pfeffer aus der Mühle

1. Die Brühe aufkochen und Polenta einrühren. Unter Rühren ca. 10 Minuten köcheln. Dann vom Herd nehmen und ausquellen lassen. Zwischendurch umrühren. Zum Schluss die Butter einrühren und salzen.

2. Alle Paprika waschen, putzen, halbieren, entkernen und in Streifen schneiden.

3. Den Knoblauch und die Schalotte abziehen, fein hacken und mit den Paprikastreifen in einer großen Pfanne im heißen Öl andünsten.

4. Die gehackten Kräuter dazugeben und alles bei mittlerer Hitze ca. 5 Minuten schmoren. Evtl. etwas Wasser zugeben und ab und zu umrühren.

5. Das Paprikagemüse mit Salz und Pfeffer würzen und auf der Polenta anrichten.

HÄHNCHENKEULEN MIT COUSCOUS UND MINZ-DIP

Pro Portion: Kilokalorien: 680; Fett: 32 g; Protein: 49 g;
Kohlenhydrate: 48,5 g

🕐 **1 STD. 20 MIN.**

Zutaten für 4 Portionen

150 g Quark (20 %)

100 ml Milch

1 Prise Kurkuma

Salz

schwarzer Pfeffer
aus der Mühle

3 EL frisch gehackte Minze

4 Hähnchenkeulen

2 EL Olivenöl

1 EL Garam masala

250 g Instant-Couscous

1. Den Quark mit der Milch glatt rühren. Mit Kurkuma, Salz und Pfeffer würzen. Die Minze unterrühren und den Dip abgedeckt kühl stellen.

2. Die Hähnchenkeulen waschen und trocken tupfen. Das Öl mit Garam masala verrühren und die Hähnchenschenkel damit einreiben. Mit Frischhaltefolie abdecken und 30 Minuten marinieren.

3. Den Ofen auf 180 °C Unter- und Oberhitze (Umluft: 160 °C, Gas: Stufe 2–3) vorheizen. Den Backofenrost auf der mittleren Schiene einschieben, darunter eine Fettpfanne.

4. Die Hähnchenkeulen auf den Rost legen und 25–30 Minuten im vorgeheizten Ofen garen. Inzwischen den Couscous gemäß Packungsanweisung mit leicht gesalzenem Wasser zubereiten, vom Herd nehmen und zugedeckt quellen lassen. Den Minz-Dip nochmals abschmecken. Die Hähnchenkeulen auf dem Couscous anrichten und mit dem Dip servieren.

GRATINIERTE SPARGEL-SCHINKEN-ROLLEN

Pro Portion: Kilokalorien: 550; Fett: 27,7 g; Protein: 35 g;
Kohlenhydrate: 35 g

🕐 **1 STD. 5 MIN.**

Zutaten für 4 Portionen

8 Lasagneblätter

Salz

2 EL Olivenöl

1 kg weißer Spargel

200 ml Gemüsebrühe,
Grundrezept siehe Seite 18

1 TL Pfefferkörner

8 Scheiben gekochter
Schinken (à 40 g)

80 g Brunnenkresse

100 g Sahne

2 Eigelbe

40 g frisch geriebener
junger Emmentaler

Pfeffer aus der Mühle

Muskatnuss

1. Die Nudeln in reichlich Salzwasser al dente kochen. Abgießen, abschrecken, abtropfen lassen und mit ein wenig Öl einreiben.

2. Den Spargel waschen, schälen und die holzigen Enden abschneiden. In der Gemüsebrühe zugedeckt ca. 15 Minuten bissfest dünsten. Anschließend ein wenig abkühlen lassen und den Sud durch ein Sieb gießen.

3. Den Backofengrill vorheizen. Vier feuerfeste Formen mit dem verbliebenen Öl auspinseln.

4. Die Lasagneplatten auf ein sauberes Tuch legen und mit je einer Scheibe Schinken belegen.

5. Den Spargel auf die Portionen verteilen und die Platten aufrollen. Mit der Nahtseite nach unten jeweils zwei Päckchen in die Auflaufformen legen. Die Brunnenkresse waschen, putzen und grob hacken. Mit dem Spargelsud und der Sahne fein pürieren. Eigelb und Käse unterrühren, dann mit Salz, Pfeffer und Muskatnuss abschmecken.

6. Die Sauce über die Röllchen gießen und alles unter dem vorgeheizten Backofengrill ca. 10 Minuten goldbraun überbacken.

ROSMARIN-HÄHNCHEN-SPIESSE

Pro Portion: Kilokalorien: 220; Fett: 9 g; Protein: 36 g;
Kohlenhydrate: 1 g

🕐 **1 STD. 5 MIN.**

Zutaten für 4 Portionen

4 Hähnchenbrustfilets
(à 150 g)
8 Zweige Rosmarin
½ Bund Basilikum
3 EL Olivenöl
1 TL Paprikapulver
Salz
Pfeffer

1. Die Hähnchenbrustfilets abspülen, trocken tupfen und in 2 cm dicke Würfel schneiden.

2. Den Rosmarin waschen und trocken schütteln. Die Hähnchenwürfel mit den Rosmarinzweigen auf 8 Holzspieße stecken.

3. Das Basilikum waschen, trocken schütteln, die Blätter abzupfen und grob hacken. Mit Olivenöl und Paprikapulver in einer flachen Schale verrühren.

4. Die Spieße im Würzöl wenden und mit Salz und Pfeffer würzen.

5. Eine Grillpfanne erhitzen und die Hähnchenspieße darin bei mittlerer bis starker Hitze 8–10 Minuten garen. Dabei häufig wenden.

TIPP

Die Spieße schmecken sowohl heiß aus der Pfanne als auch kalt köstlich. Als Beilage dazu passen ein bunter Blattsalat und warmes Fladenbrot oder Couscous und Minz-Dip (siehe Rezept auf Seite 56). Falls Ihnen Weizen nicht bekommt, servieren Sie am besten Reis dazu.

GEFÜLLTE PAPRIKA MIT QUINOA

Pro Portion: Kilokalorien: 458; Fett: 22 g; Protein: 11 g;
Kohlenhydrate: 47 g

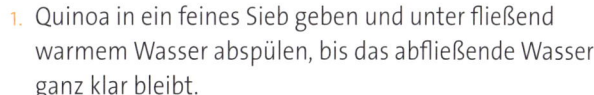 🕐 1 STD. 5 MIN.

Zutaten für 4 Portionen

250 g Quinoa

650 ml Gemüsebrühe, siehe
Grundrezept Seite 18

4 kleine rote Paprika

4 kleine gelbe Paprika

2 Stiele frischer Koriander

1 EL Olivenöl

1 weiße Zwiebel

80 g Butter

Kurkuma

Currypulver

1. Quinoa in ein feines Sieb geben und unter fließend warmem Wasser abspülen, bis das abfließende Wasser ganz klar bleibt.

2. 500 ml Gemüsebrühe zum Kochen bringen. Die Quinoa einrühren und zugedeckt bei geringer Hitze ca. 15 Minuten garen.

3. Inzwischen alle Paprika waschen, die »Deckel« abschneiden, Kerne und weiße Innenhäute entfernen.

4. Koriander waschen, trocken schütteln, Blättchen abzupfen und hacken. Eine feuerfeste Form mit 1 TL Öl auspinseln. Die Zwiebel schälen und fein hacken.

5. Quinoa vom Herd nehmen und, falls nötig, abgießen.

6. Das restliche Öl in einem Topf erhitzen. Die Zwiebel darin glasig dünsten, dann mit Quinoa und Koriander mischen, die Paprika damit füllen und die »Deckel« aufsetzen.

7. Die gefüllten Paprika dicht an dicht in die Form setzen, die verbliebene Gemüsebrühe dazugießen und im vorgeheizten Backofen bei 220 °C (Umluft 200 °C; Gas: Stufe 3–4) 20–25 Minuten garen. Die Butter in einem Topf zerlassen, Kurkuma und Currypulver einrühren. Die Paprika auf vier Tellern anrichten, mit der Würzbutter beträufeln und sofort servieren.

KABELJAUFILET MIT PAPRIKAGEMÜSE

Pro Portion: Kilokalorien: 270; Fett: 10 g; Protein: 30 g; Kohlenhydrate: 13 g

 **45 MIN.**

Zutaten für 4 Portionen

3 rote Paprika

3 gelbe Paprika

3 Knoblauchzehen

1 große weiße Zwiebel

1 Handvoll Basilikum

3 EL Olivenöl

400 ml Gemüsebrühe, siehe Grundrezept Seite 18

Salz

Pfeffer aus der Mühle

4 sehr frische Kabeljaufilets ohne Haut (à 150 g)

Knoblauchzehen, zum Garnieren

1. Alle Paprika waschen, putzen und in Streifen schneiden. Den Knoblauch abziehen und hacken, die Zwiebel schälen und fein würfeln.

2. Das Basilikum waschen, trocken schütteln und die Blätter eines Zweigs mit der Schere in feine Streifen schneiden. Die übrigen Basilikumblätter zerzupfen.

3. Das Olivenöl in einer Schmorpfanne erhitzen. Die Hälfte des Knoblauchs und die Zwiebel darin glasig dünsten.

4. Die Paprikastreifen hinzufügen und andünsten. Mit Salz und Pfeffer würzen. Die Brühe zugießen und zum Kochen bringen. Bei geringer Hitze 4–5 Minuten köcheln.

5. Das zerzupfte Basilikum zum Gemüse geben. Die Kabeljaufilets nebeneinander auf die Paprikastreifen legen und leicht salzen. Den Pfannendeckel auflegen und den Fisch auf kleinster Stufe 15 Minuten garen. Auf vier Tellern anrichten. Mit den ganzen Knoblauchzehen garnieren und mit den Basilikumstreifen bestreut sofort servieren.

TIPP

Reichen Sie dazu frisches Baguette oder Ciabatta – damit lässt sich der köstliche Sud am besten aufsaugen und genießen. Wenn Ihnen Weizen nicht gut bekommt, nehmen Sie glutenfreies Brot.

GEBRATENES GEMÜSE MIT PUTENFILET UND REISNUDELN

Pro Portion: Kilokalorien: 540; Fett: 8,5 g; Protein: 20 g; Kohlenhydrate: 91,4 g

⏱ **40 MIN.**

Zutaten für 4 Portionen

1 Knoblauchzehe

1 daumengroßes Stück Ingwerwurzel (ca. 10 g)

100 g Zuckerschoten

1 rote Paprika

1 gelbe Paprika

1 kleine Zucchini

1 mittelgroße Möhre

250 g Putenbrustfilet

200 g Reisnudeln

2 EL Sesamöl

Salz

Pfeffer

150 ml Gemüsebrühe, siehe Grundrezept Seite 18

1 TL Speisestärke

1. Den Knoblauch abziehen und sehr fein hacken, Ingwer schälen und fein reiben, die Zuckerschoten waschen und die Enden abknipsen.

2. Beide Paprikaschoten waschen, putzen, von den Kernen und weißen Innenhäuten befreien und in mundgerechte Stücke schneiden.

3. Die Zucchini waschen, längs vierteln und quer in Stücke schneiden. Die Möhre schälen und in Scheiben schneiden. Das Putenbrustfilet abspülen, trocken tupfen und in 2–3 cm dicke Würfel schneiden.

4. Die Reisnudeln gemäß Packungsanweisung zubereiten.

5. Das Öl in einem Wok erhitzen. Die Putenwürfel darin bei starker Hitze rührbraten, bis sie rundum gebräunt sind. Herausnehmen und warm stellen. Knoblauch und Ingwer im Wok anbraten. Das vorbereitete Gemüse auf einmal dazugeben und etwa 4 Minuten rührbraten.

6. Die Putenwürfel wieder zufügen, die Gemüsebrühe angießen und kräftig mit Salz und Pfeffer abschmecken.

7. Die Stärke in etwas kaltem Wasser anrühren, in die Flüssigkeit im Wok rühren und einmal aufwallen lassen. Mit den Nudeln servieren.

KARTOFFELGRATIN AUS DER PFANNE

Pro Portion: Kilokalorien: 790; Fett: 62 g; Protein: 14 g; Kohlenhydrate: 42 g

🕐 **1 STD. 10 MIN.**

Zutaten für 4 Portionen

1 kg vorwiegend festkochende Kartoffeln

2 EL Butter

600 g Sahne

1 Knoblauchzehe

Salz

Pfeffer aus der Mühle

Muskatnuss

75 g geriebener junger Emmentaler

1. Den Backofen auf 200 °C (Umluft: 180 °C, Gas: Stufe 3) vorheizen. Die Kartoffeln schälen, waschen, trocken tupfen und hobeln.

2. Eine große ofenfeste Pfanne, alternativ eine flache Auflaufform, mit der Butter ausstreichen. Die Kartoffelscheiben hineinschichten. Den Knoblauch schälen, fein hacken und mit etwas Salz in einem Mörser fein zerreiben. Die Sahne aufkochen, Knoblauchpaste einrühren und alles mit Salz, Pfeffer sowie Muskat abschmecken.

3. Die Würzsahne über die Kartoffeln gießen, sodass sie knapp bedeckt sind. Mit dem Käse bestreuen und im vorgeheizten Ofen ca. 40 Minuten goldbraun überbacken.

TIPP

Reichen Sie dazu einen großen gemischten Blattsalat.

KARTOFFEL-MÖHREN-PUFFER

Pro Portion: Kilokalorien: 134; Fett: 4,9 g; Protein: 6,2 g;
Kohlenhydrate: 16 g

🕐 **40 MIN.**

Zutaten für 4 Portionen

200 g Kartoffeln
2 Möhren
1 weiße Zwiebel
1 Bund Petersilie
2 Eier
4 EL Mehl
1 TL Salz
schwarzer Pfeffer
Butterschmalz zum Braten

1. Kartoffeln waschen, schälen und grob raspeln. In ein Sieb geben und die Flüssigkeit abtropfen lassen. Die Kartoffelraspel zwischen mehreren Lagen Küchenpapier ausdrücken.

2. Die Möhren waschen, schälen, fein reiben und ebenfalls trocken tupfen.

3. Die Zwiebel abziehen und in sehr kleine Würfel schneiden. Die Petersilie waschen, trocken schütteln, die Blättchen abzupfen und fein zerkleinern.

4. Zwiebel und Petersilie in einer Schüssel vermengen. Eier, Mehl, Kartoffeln und Möhren hinzufügen und alles gut vermischen. Mit Salz und Pfeffer würzen. Den Backofen auf 80 °C vorheizen.

5. In einer großen beschichteten Pfanne wenig Butterschmalz erhitzen und pro Puffer 2–3 EL Kartoffelmischung hineingeben und mit dem Löffelrücken flach drücken. Die Puffer in etwa 7 Minuten auf beiden Seiten goldbraun und knusprig braten. Herausnehmen und im Backofen warm halten, bis alle fertig sind.

COUNTRY POTATOES MIT GEMÜSESALAT UND PAPRIKA-DIP

Pro Portion: Kilokalorien: 404; Fett: 24 g; Protein: 17 g; Kohlenhydrate: 28,6 g

🕐 45 MIN.

Zutaten für 4 Portionen

2 Stiele Thymian

2 Zweige Rosmarin

1 Stiel Oregano

600 g festkochende Kartoffeln

2 EL Olivenöl

Salz

Pfeffer

3 Möhren

1 TL Butter

75 ml Gemüsebrühe,
siehe Grundrezept Seite 18

1 Zucchini

100 g Speisequark (20 %)

150 g Ricotta

60 ml Milch

Paprikapulver edelsüß

Paprikapulver rosenscharf

80 g junger Gouda

3 Stiele Basilikum

2 EL Rapsöl

1 EL Apfelessig

1. Den Backofen auf 200 °C (Umluft 180 °C; Gas: Stufe 3) vorheizen. Thymian, Rosmarin und Oregano waschen, trocken schütteln. Die Blättchen abzupfen.

2. Die Kartoffeln gründlich waschen und abbürsten, mit Schale in Spalten schneiden und in einer Schüssel mit Kräutern und Olivenöl mischen. Salzen und pfeffern.

3. Die Kartoffelmischung auf einem mit Backpapier belegten Backblech verteilen. Auf der mittleren Schiene im vorgeheizten Ofen 30–35 Minuten goldbraun backen, dabei gelegentlich wenden.

4. Inzwischen die Möhren waschen, putzen, schälen und klein würfeln. In der Butter in einer Pfanne andünsten. Brühe dazugießen und die Möhren bei mittlerer Hitze ca. 3 Minuten dünsten.

5. Die Zucchini waschen, putzen, ebenfalls klein würfeln und zu den Möhren geben. Das Gemüse noch 2–3 Minuten garen, dann vom Herd nehmen und abkühlen lassen.

6. Für den Dip Quark mit Ricotta und Milch cremig verrühren (je nach gewünschter Konsistenz noch etwas mehr Milch unterrühren). Kräftig mit Salz, Pfeffer und den beiden Paprikasorten abschmecken.

7. Den Käse klein würfeln. Basilikum waschen, trocken schütteln, Blätter abzupfen und mit einer Schere in feine Streifen schneiden.

8. Käse und Basilikum unter das abgekühlte Gemüse heben. Aus Rapsöl, Apfelessig, Salz und Pfeffer ein Dressing zubereiten und das Gemüse damit beträufeln.

9. Die Kartoffelspalten aus dem Ofen nehmen, mit Dip und Salat servieren.

SÜSSKARTOFFEL-KOKOS-SUPPE MIT ROTER QUINOA

Pro Portion: Kilokalorien: 385; Fett: 21 g; Protein: 6 g;
Kohlenhydrate: 43 g

🕐 **40 MIN.**

Zutaten für 4 Portionen

100 g rote Quinoa

Salz

400 g Süßkartoffeln

1 weiße Zwiebel

2 Knoblauchzehen

2 EL Olivenöl

2 Msp. gemahlener Koriander

2 Msp. gemahlener Kreuzkümmel

1 TL gemahlener Bockshornklee

1 Msp. Kurkuma

600 ml Gemüsebrühe, siehe Grundrezept Seite 18

200 ml Kokosmilch

Pfeffer

2 Stiele Koriander

1. Die Quinoa in ein feines Sieb geben und unter fließend warmem Wasser abspülen, bis das ablaufende Wasser klar bleibt.

2. Die abgetropfte Quinoa in 300 ml kochendes Wasser geben und zugedeckt bei geringer Hitze ca. 12 Minuten garen. Vom Herd nehmen und ca. 5 Minuten ausquellen lassen. Mit Salz würzen.

3. Inzwischen die Süßkartoffeln waschen, schälen und würfeln. Zwiebel und Knoblauch abziehen und fein hacken.

4. Das Olivenöl in einem Topf erhitzen. Zwiebel und Knoblauch darin bei mittlerer Hitze glasig dünsten. Süßkartoffelwürfel dazugeben, mit den Gewürzen bestreuen und mit der Brühe übergießen. Zugedeckt bei geringer Hitze ca. 15 Minuten köcheln.

5. Die Suppe mit dem Stabmixer oder in der Küchenmaschine fein pürieren, die Kokosmilch unterrühren und erneut zum Kochen bringen. Mit Salz und Pfeffer abschmecken.

6. Den Koriander waschen, trocken schütteln und die Blätter abzupfen.

7. Suppe in vier Suppenschalen füllen, Quinoa darauf verteilen und mit Korianderblättern garnieren.

GEFÜLLTE RUNDE ZUCCHINI

Pro Portion: Kilokalorien: 460; Fett: 30 g; Protein: 19 g;
Kohlenhydrate: 29 g

🕐 1 STD. 10 MIN.

Zutaten für 2 Portionen

60 g Langkornreis

Salz

4 runde Zucchini

3 EL Olivenöl

Pfeffer

½ Handvoll Oregano-
blättchen

1 weiße Zwiebel

2 Knoblauchzehen

40 g Kochschinken

60 g geriebener junger
Emmentaler

1 Ei

1 EL Rapsöl

1. Den Reis in 120 ml Salzwasser einmal aufkochen und dann ca. 10 Minuten ausquellen lassen. Er hat dann noch viel Biss.

2. Den Backofen auf 180 °C (Umluft: 160 °C, Gas: Stufe 2) vorheizen.

3. Die Zucchini waschen, längs halbieren, mit einem Teelöffel aushöhlen und mit 2 EL Olivenöl bestreichen. Salzen und pfeffern.

4. Das ausgeschabte Zucchinifruchtfleisch sehr klein schneiden. Den Oregano abbrausen, trocken schütteln und die Blättchen abzupfen.

5. Die Zwiebel und den Knoblauch abziehen. Die Zwiebel fein würfeln, den Knoblauch sehr fein hacken und beides im restlichen Olivenöl glasig dünsten.

6. Vom Herd nehmen. Den Schinken in kleine Würfel schneiden. Reis, Zucchinifruchtfleisch, Schinkenwürfel, Käse, Ei und die Oreganoblättchen zur Zwiebel-Knob-lauch-Mischung geben und alles vermengen. Salzen, pfeffern und die Zucchinihälften mit der Masse füllen.

7. Eine flache feuerfeste Form mit dem Rapsöl fetten. Die Zucchinihälften hineingeben und im vorgeheizten Backofen ca. 30 Minuten backen. Evtl. nach ca. 20 Mi-nuten mit Alufolie abdecken, falls sie zu stark bräunen.

KARTOFFEL-MANGOLD-GRATIN MIT BÉCHAMEL

Pro Portion: Kilokalorien: 560; Fett: 29,5 g; Protein: 26 g; Kohlenhydrate: 46,5 g

🕐 **2 STD.**

Zutaten für 4 Portionen

1 kg festkochende Kartoffeln

Salz

1 Staude Mangold (etwa 500 g)

1 Zwiebel

2 Knoblauchzehen

2 EL Rapsöl

weißer Pfeffer

30 g Butter

20 g Mehl

250 ml Milch

250 ml Gemüsebrühe, siehe Grundrezept Seite 18

250 g Raclettekäse oder junger Gouda

etwas Butter für die Form

1. Die Kartoffeln gründlich waschen und in Salzwasser 25 Minuten kochen. Abgießen, kalt abschrecken und pellen.

2. Den Mangold putzen und waschen. Die Blätter grob hacken und die Stiele fein schneiden.

3. Zwiebel und Knoblauch abziehen und fein würfeln. Das Öl in einem großen Topf erhitzen. Zwiebeln und Knoblauch darin glasig dünsten.

4. Mangold hinzufügen und zugedeckt 8–10 Minuten dünsten. Sparsam mit Salz und weißem Pfeffer würzen.

5. Den Backofen auf 200 °C (Umluft: 180 °C, Gas: Stufe 3) vorheizen.

6. Für die Sauce Butter und Mehl in einem Topf anschwitzen. Mit Milch und Brühe ablöschen, gut verrühren und aufwallen lassen. Kochen, bis die Sauce eindickt.

7. Den Käse fein raspeln. 200 g davon in die Sauce geben und bei geringer Hitze unter Rühren schmelzen lassen. Mit Pfeffer abschmecken.

8. Die gepellten Kartoffeln in Scheiben schneiden. Eine Auflaufform ausbuttern und die Hälfte der Kartoffeln einschichten. Mit einem Drittel der Sauce übergießen.

9. Den Mangold darauf verteilen ein weiteres Drittel Sauce zugeben. Die verbliebenen Kartoffeln daraufschichten und mit dem Rest Sauce übergießen. Den restlichen Käse über den Auflauf streuen und im vorgeheizten Ofen ca. 20 Minuten überbacken, bis der Käse bräunt.

FISCHFILET MIT SCHMORGURKEN UND KARTOFFELN

Pro Portion: Kilokalorien: 350; Fett: 5 g; Protein: 40 g;
Kohlenhydrate: 22 g

 **40 MIN.**

Zutaten für 4 Portionen

4 sehr frische Lengfisch- oder
Kabeljaufilets (à 200 g)

600 g Schmorgurke

600 g festkochende Kartoffeln

1 Schalotte

1 EL Butter

350 ml Gemüsebrühe,
siehe Grundrezept Seite 18

Salz

Pfeffer

2 Stiele Dill

100 g Frischkäse

1 TL milder Senf

1. Die Fischfilets unter kaltem Wasser abspülen und gut trocken tupfen.

2. Die Gurke waschen, schälen, längs halbieren, mit einem kleinen Löffel entkernen und in Stücke schneiden.

3. Die Kartoffeln waschen, schälen und klein würfeln. Die Schalotte abziehen und fein hacken.

4. Die Butter in einer Pfanne erhitzen und die Schalotte darin bei mittlerer Hitze glasig dünsten.

5. Gurke und Kartoffeln zugeben und mit Brühe ablöschen. Salzen, pfeffern und bei geringer Hitze 5–10 Minuten abgedeckt schmoren.

6. Inzwischen den Dill waschen, trocken schütteln, die Blättchen abzupfen und hacken.

7. Die Fischfilets salzen, pfeffern, auf das Gemüse legen und 10 Minuten zugedeckt garen. Alles mit einem Schaumlöffel aus dem Sud heben und auf vier Tellern anrichten.

8. Frischkäse und Senf in den Sud rühren und mit Salz und Pfeffer abschmecken. Fisch und Gemüse mit Dill bestreuen und die Sauce dazu reichen.

GEBRATENES HÄHNCHENFILET AUF PAPRIKAREIS

Pro Portion: Kalorien: 445; Fett: 13 g; Protein: 37 g;
Kohlenhydrate: 41 g

🕐 **30 MIN.**

Zutaten für 4 Portionen

200 g Langkornreis

450 ml Gemüsebrühe, siehe
Grundrezept Seite 18

Kurkuma

2 große rote Paprika-
schoten (à 250 g)

4 sehr frische Hähnchenbrustfilets (à 150 g)

Pfeffer

3 EL Olivenöl

2 Stiele glatte Petersilie

Salz

1. Den Reis in einem Sieb abwaschen, abtropfen lassen und in einen Topf geben. Mit Gemüsebrühe bedecken, ½ TL Kurkuma unterrühren und zugedeckt zum Kochen bringen.

2. Die Hitze reduzieren und den Reis ca. 20 Minuten garen, dabei den Deckel nicht öffnen.

3. Inzwischen die Paprikaschoten waschen, putzen, halbieren, entkernen, von der weißen Haut befreien und in Streifen schneiden.

4. Die Hähnchenfilets abspülen, trocken tupfen und pfeffern. In einer Grillpfanne in 1 EL Olivenöl von jeder Seite ca. 5–6 Minuten braten.

5. Die Paprikastreifen im restlichen heißen Öl unter Wenden 2–3 Minuten andünsten. Petersilie waschen, trocken schütteln und die Blätter abzupfen.

6. Den Reis abgießen, in die Pfanne geben und mit den Paprikastreifen mischen. Mit Salz, Pfeffer und Kurkuma abschmecken.

7. Hähnchenfilets schräg in Scheiben schneiden, leicht salzen und auf dem Paprikareis anrichten. Mit der Petersilie garnieren und servieren.

GRÜNKERNPUFFER MIT KARAMELLISIERTEN MÖHREN

Pro Stück: Kilokalorien: 570; Fett: 30 g; Protein: 15,5 g;
Kohlenhydrate: 58,6 g

🕐 **40 MIN.**

Zutaten für 4 Portionen

1 weiße Zwiebel

4 EL Rapsöl

250 Grünkernschrot

1 l Gemüsebrühe,
siehe Grundrezept Seite 18

100 g junger Gouda

600 g Bundmöhren

2 EL Butter

Salz

Pfeffer aus der Mühle

2 EL Zucker

3 Stiele frischer Kerbel

1. Die Zwiebel abziehen, fein hacken und in 1 EL Rapsöl glasig dünsten.

2. Den Grünkernschrot dazugeben und unter Rühren kurz andünsten. Mit der Brühe ablöschen und bei geringer Hitze ca. 10 Minuten quellen lassen.

3. Den Käse reiben, unter den Grünkernschrot rühren, vom Herd nehmen und abkühlen lassen.

4. Die Möhren waschen, putzen, schälen und dabei ein wenig Grün stehen lassen. Die Butter in einer Pfanne zerlassen und die ganzen Möhren darin andünsten.

5. 125 ml Wasser zugießen, salzen und pfeffern. Zugedeckt ca. 5 Minuten köcheln lassen. Den Deckel abnehmen und evtl. noch vorhandene Flüssigkeit bei starker Hitze komplett verkochen lassen.

6. Die Möhren mit Zucker bestreuen, die Pfanne rütteln, damit der Zucker sich verteilt und die Möhren leicht karamellisieren lassen. Vom Herd nehmen und warm stellen.

7. Die Grünkernmasse mit Salz und Pfeffer abschmecken. Acht Bratlinge formen und in einer Pfanne im restlichen Rapsöl von beiden Seiten braten.

8. Den Kerbel vorsichtig waschen, trocken tupfen und die Blättchen abzupfen. Die Grünkernpuffer und die Möhren mit Kerbel garniert servieren.

SNACKS

KNÄCKE MIT ZUCCHINI-QUARK UND RADIESCHENSPROSSEN

Pro Portion: Kilokalorien: 160; Fett: 2 g; Protein: 12 g;
Kohlenhydrate: 24 g

 15 MIN.

Zutaten für 1 Portion

75 g Zucchini

2 EL Magerquark (ca. 40 g)

2 EL Mineralwasser
mit Kohlensäure

Salz

Pfeffer

1 kleine Möhre

4 kleine Radieschen

40 g frische Sprossen
(z. B. Radieschensprossen)

2 Scheiben
Vollkornknäckebrot

1. Die Zucchini waschen, putzen und fein raspeln.

2. Quark und Mineralwasser in einer kleinen Schüssel glatt rühren. Zucchiniraspel untermischen und mit Salz und Pfeffer abschmecken.

3. Die Möhre waschen, putzen, schälen und ebenfalls fein raspeln.

4. Die Radieschen waschen, trocken reiben, putzen und in dünne Scheiben schneiden.

5. Die Sprossen in ein Sieb geben, abspülen und mit einem Küchentuch behutsam trocken tupfen.

6. Die Knäckebrotscheiben mit dem Zucchini-Quark bestreichen. Möhrenraspel, Radieschen und Sprossen darauf anrichten bzw. dazu essen.

WARUM GESUND

Ballaststoffe und Eiweiß aus Brot, Gemüse und Quark garantieren eine lang anhaltende Sättigung. Der fettarme Snack passt übrigens auch hervorragend zu den Ernährungsempfehlungen bei Fettstoffwechselstörungen und Herz-Kreislauf-Problemen.

RICOTTA-GURKEN-TRAMEZZINI

Pro Portion: Kilokalorien: 200; Fett: 4 g; Protein: 11 g;
Kohlenhydrate: 21 g

🕐 15 MIN.

Zutaten für 4 Portionen

8 Scheiben Vollkorn-
Sandwichtoast

200 g Ricotta

1 Bio-Salatgurke

Salz

Pfeffer

1. Das Toastbrot entrinden und vier Scheiben mit dem Ricotta bestreichen, dabei den Ricotta komplett aufbrauchen.

2. Die Gurke waschen und in dünne Scheiben schneiden. Diese auf den bestrichenen Brotscheiben verteilen.

3. Die Gurkenscheiben leicht salzen und pfeffern, die übrigen Toastbrotscheiben auflegen. Die Tramezzini diagonal durchschneiden, jedes Dreieck mit einem Zahnstocher fixieren und auf einer Platte anrichten.

KOPFSALATROLLEN MIT REISNUDELN UND PUTE GEFÜLLT

Pro Portion: Kilokalorien: 300; Fett: 7 g; Protein: 25,7 g; Kohlenhydrate: 31,5 g

 25 MIN.

Zutaten für 4 Portionen

12 große, intakte
Kopfsalatblätter

150 g feine Reisnudeln

400 g Putenbrustfilet

Salz

Pfeffer

2 Karambolen (Sternfrucht)

½ Bund frischer Koriander

½ Bund frische Minze

2 EL Rapsöl

1. Die Salatblätter 1 Sekunde (!) in kochendem Salzwasser blanchieren. Unter fließend kaltem Wasser abschrecken und gut abtropfen lassen.

2. Die Reisnudeln gemäß Packungsanweisung zubereiten, abschrecken und abtropfen lassen.

3. Die Putenbrust waschen, trocken tupfen und in feine Streifen schneiden. Salzen und pfeffern.

4. Die Karambolen waschen, putzen und zuerst in Scheiben, dann in Streifen schneiden.

5. Minze und Koriander waschen, trocken schütteln und in feine Streifen schneiden.

6. Die Putenstreifen in heißem Öl unter häufigem Wenden rundum goldbraun anbraten. Vom Herd nehmen und etwas abkühlen lassen.

7. Pute, Karambolen, Reisnudeln und Kräuter vermengen. Mit Salz und Pfeffer würzen.

8. Die Salatblätter auf der sauberen Arbeitsfläche auslegen und die Füllung darauf verteilen. Die Blätter an den Seiten einschlagen und über der Füllung aufrollen. Sofort servieren oder bis zum Servieren kühl stellen.

HÜTTENKÄSE MIT KRESSE AUF KNÄCKEBROT

Pro Portion: Kilokalorien: 201; Fett: 5,8 g; Protein: 18 g; Kohlenhydrate: 18 g

 10 MIN.

Zutaten für 4 Portionen

500 g Hüttenkäse
Salz
Pfeffer
Paprikapulver
8 Scheiben Knäckebrot
2 Kästchen Kresse
120 g Bio-Salatgurke

1. Den Hüttenkäse mit Salz, Pfeffer und Paprikapulver würzen.

2. Den Hüttenkäse komplett auf alle Knäckebrote verteilen und verstreichen.

3. Die Kresse mit einer Schere abschneiden und auf die Brote streuen.

4. Die Salatgurke waschen und in dünne Scheiben schneiden. Separat dazu reichen.

PIKANTER GURKEN-DILL-QUARK

Pro Portion: Kilokalorien: 250; Fett: 14 g; Protein: 21 g;
Kohlenhydrate: 8 g

🕐 10 MIN.

Zutaten für 4 Portionen

1 große Bio-Salatgurke
1 Schalotte
250 g Magerquark
500 g Sahnequark
75 ml Milch
Salz
Pfeffer aus der Mühle
1 Bund Dill

1. Die Gurke waschen und halbieren. Mit einem kleinen Löffel das Innere herausschaben und die Gurke in feine Würfel schneiden.

2. Die Schalotte abziehen und sehr fein hacken.

3. Quark und Milch glatt rühren und mit Salz und Pfeffer abschmecken.

4. Den Dill waschen, trocken schütteln und fein hacken.

5. Gurkenwürfelchen, Schalotte und Dill unter den Quark rühren. Nochmals abschmecken, nach Belieben garniert servieren.

TIPP

Dieser schnelle Protein-Star passt perfekt zu Vollkorn- oder Bauernbrot, aber ebenso zu Pellkartoffeln. Den Dill können Sie nach Belieben gegen Schnittlauch austauschen.

PUTENSCHNITZEL MIT SALAT UND KNOBLAUCH-CROÛTONS

Pro Portion: Kilokalorien: 310; Fett: 14 g; Protein: 39 g; Kohlenhydrate: 8 g

🕐 25 MIN.

Zutaten für 4 Portionen

2 Römersalatherzen

100 g Magerquark

3 EL Olivenöl

etwas Mineralwasser mit Kohlensäure

Salz

Pfeffer

600 g Putenbrustfilet

2 Scheiben Weißbrot (vom Vortag)

1 Knoblauchzehe

1 EL Butter

1. Den Salat putzen, grob zerkleinern, waschen und trocken schleudern.

2. Für das Dressing den Quark mit 1 EL Öl verrühren. So viel Mineralwasser unterrühren, dass der Quark sehr cremig wird. Mit Salz und Pfeffer abschmecken.

3. Das Putenfilet unter kaltem Wasser abspülen, trocken tupfen und in acht etwa gleich große Scheiben schneiden. Die Scheiben zwischen zwei Lagen Frischhaltefolie etwas flachklopfen. Salzen und pfeffern.

4. Das restliche Olivenöl in einer Pfanne erhitzen. Die Putenschnitzel darin bei mittlerer Hitze von beiden Seiten ca. 5 Minuten goldbraun braten.

5. Das Brot in kleine Würfel schneiden. Den Knoblauch abziehen und durchpressen.

6. Die Butter in einer weiteren Pfanne erhitzen. Brotwürfel und Knoblauch darin bei starker Hitze ca. 2 Minuten goldbraun rösten. Herausnehmen, auf Küchenpapier abtropfen lassen und leicht salzen.

7. Den Salat auf vier Teller verteilen, mit dem kompletten Dressing beträufeln, je zwei Putenschnitzel daneben anrichten und mit den Croûtons bestreuen.

KARTOFFEL-GURKEN-SALAT

Pro Portion: Kilokalorien: 318; Fett: 14 g; Protein: 9 g;
Kohlenhydrate: 38 g

 30 MIN.

Zutaten für 1 Portion

250 g festkochende Kartoffeln

Salz

200 g Bio-Salatgurke

4 EL Gemüsebrühe,
siehe Grundrezept Seite 18

2 TL Rapsöl

Pfeffer aus der Mühle

1 sehr frisches Eigelb
(Größe S)

etwas Zitronensaft

1 TL Kürbiskerne

1 EL Schnittlauchröllchen

rote Paprika in Streifen,
zum Garnieren

1. Die Kartoffeln waschen und in Salzwasser je nach Größe 20–25 Minuten garen. Abgießen, kalt abschrecken, pellen und in Scheiben schneiden.

2. Die Salatgurke waschen und in sehr dünne Scheiben schneiden.

3. Für das Dressing die heiße (aber nicht kochende) Gemüsebrühe mit Öl, Salz, Pfeffer und dem Eigelb verrühren.

4. Kartoffeln und Gurke gut mit dem Dressing mischen. Nochmals mit Salz und Pfeffer abschmecken. Mit Schnittlauch und Paprikastreifen garniert servieren.

TIPP

Achten Sie darauf, dass Sie für das Dressing wirklich ein top frisches Ei verwenden! Das Eigelb bleibt zwar dank der heißen Brühe nicht roh; trotzdem ist es so gesünder.

KALTE KOKOSSUPPE MIT MELONE

Pro Portion: Kilokalorien: 270; Fett: 20 g; Protein: 3 g;
Kohlenhydrate: 19,5 g

🕐 **30 MIN.**

Zutaten für 4 Portionen

1 kleine Netzmelone
(nicht zu reif)

700 ml Gemüsebrühe,
siehe Grundrezept Seite 18

1 TL frisch geriebener Ingwer

400 ml Kokosmilch

150 g Crème double

Salz

weißer Pfeffer aus der Mühle

2–3 Stiele Minze

2 EL Kokos-Chips

1. Die Melone halbieren und mithilfe eines Löffels entkernen. Mit einem kleinen Kugelausstecher (Melonenausstecher) etwa 12 schöne Kugeln aus dem Fruchtfleisch herausarbeiten und kalt stellen. Das restliche Fruchtfleisch grob hacken. Zusammen mit der Brühe und Ingwer pürieren, dann durch ein Sieb streichen.

2. Kokosmilch und Crème double unterrühren. Salzen, pfeffern und ebenfalls kalt stellen.

3. Vor dem Servieren alles nochmals mit dem Pürierstab durchmixen, in tiefe Teller oder Schalen füllen und die Melonenkugeln dazugeben.

4. Die Minze waschen, trocken schütteln und die Blätter abzupfen. Die Suppe mit Minze und Kokos-Chips garniert servieren.

CROSTINI MIT RICOTTA UND FEIGE

Pro Portion: Kilokalorien: 308; Fett: 5 g; Protein: 10 g;
Kohlenhydrate: 55 g

⏱ **10 MIN.**

Zutaten für 4 Portionen

8 dicke Scheiben
Ciabatta (1–2 Tage alt)

100 g Ricotta

8 TL flüssiger Honig

2 frische Feigen

1. Die Brotscheiben im Backofen bei 180 °C (Umluft: 160 °C, Gas: Stufe 2–3) ca. 5 Minuten rösten. Herausnehmen und etwas abkühlen lassen.

2. Die Ciabattascheiben mit Ricotta bestreichen und mit je 1 TL Honig beträufeln.

3. Die Feigen behutsam waschen und trocken tupfen. In Viertel schneiden, auf die Crostini legen und sofort servieren.

BILDNACHWEIS

Weitere Bücher von EatSmarter!

EatSmarter!
PROTEIN-FRÜHSTÜCK
45 eiweißreiche Rezepte für einen guten Start in den Tag

riva

EatSmarter!
LOW-CARB-REZEPTE FÜR DAS ABENDESSEN
Die 50 besten Gerichte

riva

EatSmarter!
VEGETARISCH LOW-CARB
Die 50 besten Rezepte

riva

EatSmarter!
RUHE IM BAUCH
Die 50 besten Low-FODMAP-Rezepte für einen gesunden Darm

riva

EatSmarter!
DAS KOCHBUCH ZUR DASH-DIÄT
Die 50 besten Rezepte, um abzunehmen und den Blutdruck zu senken

riva

EatSmarter!
SUSHI SELBST GEMACHT
Die 50 besten Rezepte

riva

EatSmarter!
INTERMITTIERENDES FASTEN
5 Tage normal essen – 2 Fastentage à 500 kcal

riva

EatSmarter!
GESUNDE LUNCHBOX
Die 50 besten Rezepte für die Mittagspause und unterwegs

riva

EatSmarter!
FATBURNER-REZEPTE ZUM ABNEHMEN
Die 50 besten Gerichte

riva

Je
9,99 € (D)
10,30 € (A)

riva